Inhaltsverzeichnis

Katja Schlottke

Das Universum ist in Dir – Hermetisch glücklich durchs Leben

Dieses Buch ist kein Zufall.

Vielleicht hast du gesucht. Vielleicht wurdest du geführt.

Aber jetzt, in diesem Moment, hältst du den Schlüssel in der Hand.

Die sieben hermetischen Gesetze wirken – immer.

Die Frage ist: Nutzt du sie? Oder lassen sie dich überraschen?

Dieses Buch zeigt dir, wie du vom Zuschauer zum Schöpfer wirst.

Wie du die unsichtbaren Fäden erkennst, die dein Leben lenken.

Und wie du sie ab heute bewusst in die Hand nimmst.

Bist du bereit?

Nicht nur zum Lesen.

Zum Erkennen. Zum Fühlen. Zum Verändern.

Denn das Universum ist nicht dort draußen.

Es ist in dir.

Und dieses Buch liest du nicht nur.

Es liest auch dich.

Impressum
© 2025 Katja Schlottke
www.katja-schlottke.de
Verlag: BoD · Books on Demand GmbH, In de Tarpen 42,
22848 Norderstedt, bod@bod.de
Druck: Libri Plureos GmbH, Friedensallee 273, 22763 Hamburg
ISBN: 978-3-7693-8866-4

Einleitung – Stell dir vor...

Stell dir vor, das Leben wäre ein großes, geheimnisvolles Spiel – und du hältst gerade das Regelbuch in der Hand. Was, wenn es eine Art unsichtbaren Faden gäbe, der alles miteinander verbindet? Deine Gedanken, deine Erlebnisse, die Begegnungen, die dir scheinbar zufällig passieren? Und was, wenn du lernen könntest, diesen Faden bewusst zu lenken? Wir alle sehnen uns nach Glück, Erfüllung und einem Leben, das sich "richtig" anfühlt. Doch oft suchen wir im Außen nach Antworten – in Beziehungen, im Job, im materiellen Besitz. Dieses Buch lädt dich zu einer anderen Reise ein: nach innen. Denn das, was du da draußen suchst, schlummert bereits in dir.
Die hermetischen Gesetze sind wie eine Landkarte für diese Reise. Ein uraltes Wissen, das so kraftvoll und universell ist, dass es Zeiten, Kulturen und Religionen überdauert hat. Sieben Prinzipien, die – wenn du sie verstehst und anwendest – dein Leben in eine neue Richtung lenken können.
Aber keine Sorge: Hier geht es nicht um komplizierte Theorien oder schwer verständliche Philosophie. Dieses Buch nimmt dich an die Hand und zeigt dir Schritt für Schritt, wie du die hermetischen Gesetze ganz einfach in deinem Alltag umsetzen kannst. Du wirst erkennen, wie sehr deine Gedanken dein Leben beeinflussen, wie du mit den Rhythmen des Lebens fließen kannst und wie du inmitten von Chaos innere Ruhe findest. Warum solltest du weiterlesen? Weil diese Gesetze kein „Vielleicht" kennen. Sie wirken – ob du sie nutzt oder nicht. Der Unterschied ist: Wenn du sie bewusst anwendest, wirst du zum Schöpfer deines Lebens. Du wirst beginnen, das Universum nicht mehr als etwas von dir Getrenntes zu sehen, sondern als einen Spiegel deiner inneren Welt.

Dieses Buch ist mehr als ein Lesestoff. Es ist ein Begleiter, ein Freund, der dich ermutigt, über dich hinauszuwachsen. Du wirst lachen, staunen, vielleicht auch mal schlucken – aber vor allem wirst du dich selbst entdecken.

Bist du bereit? Bereit, das Universum in dir zu erkunden? Bereit, das Steuer deines Lebens in die Hand zu nehmen? Dann lass uns starten. Schritt für Schritt. Mit offenen Augen, einem offenen Herzen und der Neugier eines Kindes.

Denn eines kann ich dir versprechen: Nach dieser Reise wird dein Leben nicht mehr dasselbe sein – und das ist etwas Wundervolles.

Kapitel 1: Hermes Trismegistos – Der geheimnisvolle Meister des Wissens

Wer war eigentlich Hermes Trismegistos? Ein Gott? Ein Mensch? Ein Mythos? Oder vielleicht ein bisschen von allem? Der Name "Trismegistos" bedeutet "der dreimal Größte" – Meister in Weisheit, Meister in Macht und Meister in Magie. Er soll eine Verschmelzung des ägyptischen Gottes Thot (Gott der Weisheit und Schrift) und des griechischen Hermes (Gott der Kommunikation und Reisenden) sein. Klingt wie eine spannende Mischung? Ist es auch.

Doch was macht Hermes Trismegistos so faszinierend, dass sein Name über Jahrtausende hinweg überlebt hat? Warum berufen sich noch heute spirituelle Lehrer, Philosophen und sogar Wissenschaftler auf ihn? Der Grund liegt in den Schriften, die ihm zugeschrieben werden – die sogenannten hermetischen Texte. Diese Texte sind wie verschlüsselte Botschaften, die ein tiefes Verständnis vom Universum, vom Menschen und von den unsichtbaren Gesetzen des Lebens vermitteln. Was daran besonders spannend ist: Diese Weisheiten stammen aus einer Zeit, in der es weder moderne Wissenschaft noch Technologie gab – und doch finden sich darin Erkenntnisse, die heute durch Quantenphysik, Psychologie und Neurowissenschaft bestätigt werden. Ein Beispiel? Hermes schrieb sinngemäß: "Alles ist Geist." Klingt esoterisch? Vielleicht. Aber moderne Physik zeigt uns: Auf der subatomaren Ebene ist Materie nichts anderes als Energie und Information – ein Gedanke, den Hermes Trismegistos schon vor Tausenden von Jahren in Worte fasste.

Unerwartete Anekdote:
Ein weniger bekannter Aspekt: In einigen alten
Überlieferungen heißt es, Hermes habe einen "Smaragdtisch"
geschaffen, auf dem die Grundgesetze des Lebens eingraviert
waren – kurz, prägnant und so mächtig, dass Alchemisten im
Mittelalter besessen davon waren, sie zu entschlüsseln. Einer
dieser Sätze lautete: "Wie oben, so unten; wie innen, so
außen." Heutzutage könnte man es so interpretieren: Wie
deine Gedanken (innen) sind, so gestaltet sich deine Realität
(außen). Interessanterweise nutzen moderne Coaches und
Psychologen genau dieses Prinzip – oft ohne zu wissen, dass
es von einem Mann (oder Mythos) namens Hermes
Trismegistos stammt.

Cooles Beispiel aus der Neuzeit:
Steve Jobs, der Mitbegründer von Apple, sprach oft darüber,
wie wichtig es sei, "die Punkte zu verbinden" – nach vorne sei
das Leben nicht zu verstehen, nur rückblickend. Ein
hermetisches Prinzip? Absolut. Hermes lehrte: Alles ist
verbunden. Auch wenn wir nicht sofort den Sinn einer
Erfahrung verstehen, zeigt sich im Rückblick oft ein größeres
Muster.
Ein weiteres spannendes Detail: In den hermetischen Texten
wird Zeit nicht als linear beschrieben – ein Konzept, das erst
Jahrtausende später von Einstein aufgegriffen wurde. Hermes
sagte: "Das Vergangene und Zukünftige ist im Jetzt enthalten."
Schon mal erlebt, wie ein Lied oder ein Geruch dich in
Sekunden in die Vergangenheit katapultiert? Genau das.
Warum ist das wichtig für dich? Weil es zeigt: Diese
Weisheiten sind keine verstaubten Theorien, sondern
lebendige Werkzeuge. Sie helfen dir, dein Leben bewusster zu
gestalten, Zusammenhänge zu erkennen und eine innere
Ruhe zu finden – selbst in einer hektischen Welt.

Mach dich bereit: Im nächsten Kapitel tauchen wir ein in das Erste der sieben hermetischen Gesetze – das Prinzip der Mentalität. Und vielleicht wirst du überrascht sein, wie oft du dieses Gesetz unbewusst schon angewendet hast...

-5-

Kapitel 2: Das erste hermetische Gesetz – Alles ist Geist
"Das All ist Geist; das Universum ist mental." – Kybalion

Stell dir vor, du stehst vor einem Haus. Vielleicht deinem eigenen oder einem, das dir ins Auge fällt. Ein schönes Gebäude mit Fenstern, Türen, vielleicht einem Garten. Doch was kaum jemand bedenkt: Bevor dieses Haus in der Realität stand, war es ein Gedanke. Jemand – ein Architekt, ein Träumer – stellte sich vor, wie es aussehen könnte. Dieser Gedanke wurde zu einer Skizze, dann zu einem Plan, schließlich zu einem Bauprojekt und irgendwann konntest du es betreten. Ohne diesen ersten Gedanken gäbe es kein Haus.

Oder denk an Musik. Jeder Song, den du liebst, war einmal... nichts. Nur Stille. Dann hatte jemand eine Melodie im Kopf. Ein paar Töne. Vielleicht kam ein Text dazu. Aus dem Nichts entstand etwas, das berührt, bewegt, Erinnerungen weckt. Gedanken sind wie Samen – unsichtbar, aber mit der Kraft, ganze Wälder zu erschaffen.
Genau das meint Hermes Trismegistos mit dem Gesetz der Geistigkeit. Alles, was existiert, war zuerst ein Gedanke. Nicht nur Häuser und Lieder, auch Beziehungen, Erfolge, Probleme, Lösungen – alles entspringt dem Geist. Klingt vielleicht verrückt? Aber schau dich um: Jeder Stuhl, jedes Buch, selbst das Smartphone in deiner Hand – jemand hat es erst erdacht, bevor es Realität wurde. Doch hier kommt der spannende Teil: Das gilt nicht nur für materielle Dinge. Deine Gefühle, deine Stimmung, sogar deine Zukunft – alles beginnt in deinem Geist. Wenn du morgens denkst: "Heute wird anstrengend", wie ist die Wahrscheinlichkeit, dass dein Tag anstrengend wird? Ziemlich hoch. Dein Geist ist wie ein Projektor und deine Gedanken sind der Film. Was du denkst, wird zur Leinwand deines Lebens.

Ein anderes Beispiel:

Hast du schon mal jemanden getroffen, der scheinbar immer Glück hat? Oder jemanden, der ständig vom Pech verfolgt wird? Natürlich gibt es Zufälle – aber oft haben diese Menschen eine bestimmte geistige Haltung. Der "Glückspilz" denkt: "Irgendwie fällt mir immer was Gutes zu." Und siehe da, es passiert. Der "Pechvogel" hingegen erwartet das Schlimmste – und findet es. Dein Geist ist wie ein Magnet. Er zieht das an, worauf du dich konzentrierst.

Das heißt nicht, dass du nie wieder negative Gedanken haben darfst. Gedanken kommen und gehen. Aber das Gesetz zeigt dir: Du musst nicht jedem Gedanken glauben. Du kannst bewusst wählen, welchen du fütterst. Der Gedanke "Ich kann das nicht" fühlt sich schwer an. Der Gedanke "Ich probiere es einfach mal" öffnet eine Tür. Kleine Unterschiede, große Wirkung.

Übungen für den Alltag – Wie du das Gesetz der Geistigkeit praktisch anwendest:

🔑 1. Der Gedankendetektiv:

Stelle dir heute (oder diese Woche) einen Wecker, der dich mehrmals am Tag daran erinnert, innezuhalten. Frage dich: "Was denke ich gerade? Hilft mir dieser Gedanke? Will ich ihn behalten?" Wenn nicht, formuliere ihn um. Aus "Ich bin so gestresst" - wird "Ich atme jetzt tief durch und finde einen Schritt, der mich beruhigt."

🔑 2. Die Kreativdusche:

Beim Duschen (oder Autofahren, Spazierengehen) überlege: "Welche Gedanken würde ich wählen, wenn ich wüsste, dass sie Realität werden?" Spiele damit. Erfinde absurde, schöne, verrückte Szenarien. Du trainierst so deinen Geist, neue Möglichkeiten zu entdecken.

🔑 3. Das Gedanken-Tagebuch:

Schreibe abends drei Gedanken auf, die dir heute aufgefallen sind. Welche haben dich gestärkt? Welche geschwächt? Was möchtest du morgen anders denken? Manchmal reicht schon diese Bewusstheit, um alte Denkmuster zu durchbrechen.

🔑 4. Das "Als-ob"-Experiment:

Wähle einen Tag aus, an dem du so tust, als ob heute alles leicht ginge. Als ob Menschen freundlich wären. Als ob sich Dinge zu deinem Besten fügen. Beobachte, was passiert. Du wirst überrascht sein, wie sehr deine Haltung die Reaktionen deiner Umwelt verändert. Tue so, als ob all das, was Du in dein Leben ziehen möchtest, schon da ist. Fühle die Kraft, die Freude, die Stärke, die Leichtigkeit, die Befreiung, die Dankbarkeit.

Warum dieses Gesetz dein Leben verändert:

Du kannst nicht immer kontrollieren, was dir passiert – aber du kannst wählen, wie du darüber denkst. Und das ist nicht nur ein spirituelles Konzept, sondern eine Superkraft. Dein Geist ist kein passiver Zuschauer. Er ist der Regisseur.

Je bewusster du das erkennst, desto mehr gestaltest du dein Leben aktiv – statt dich von alten Gedankenmustern steuern zu lassen.

Und das Schönste? Du musst nicht perfekt sein. Ein bewusster Gedanke pro Tag kann schon alles verändern. Stell dir vor, was passiert, wenn du dieses Gesetz wirklich lebst. Wenn alles im Geist beginnt, dann hast du die Macht, deine Realität zu beeinflussen. Gedanken sind wie Samen: Je nachdem, was du pflanzt, wächst Freude oder Frust. Du kannst nicht verhindern, dass negative Gedanken auftauchen – aber du kannst entscheiden, ob du sie hegst oder weiterziehen lässt.

Dieses Gesetz schenkt dir Verantwortung – aber auch Freiheit. Du bist nicht Opfer deiner Umstände. Du bist Gestalter. Jeder bewusste Gedanke ist ein Schritt hin zu einem erfüllteren Leben.

1. Das Placebo- und Nocebo-Phänomen (über den medizinischen Rahmen hinaus)

Wir wissen, dass Patienten oft gesund werden, obwohl sie nur Zuckerpillen bekommen – allein, weil sie glauben, ein echtes Medikament zu nehmen (Placebo-Effekt). Aber was weniger bekannt ist: Auch umgekehrt funktioniert es. Menschen, die glauben, dass ihnen etwas schadet (Nocebo-Effekt), können tatsächlich Symptome entwickeln – selbst wenn der Auslöser harmlos ist.

Spannendes Beispiel:

Es gibt dokumentierte Fälle, in denen Menschen dachten, sie hätten sich vergiftet (was nicht stimmte) – und dennoch Symptome wie Übelkeit, Zittern oder Herzrasen bekamen. Ihr Geist war so überzeugt davon, dass der Körper real reagierte.

Verbindung zum Gesetz:

Alles ist Geist. Dein Körper gehorcht dem, was du über ihn glaubst. Auch im Alltag: Wer glaubt, „Stress macht mich krank", erlebt oft genau das. Wer denkt, „Ich finde immer Lösungen", aktiviert innere Ressourcen.

2. Der „Broken Heart Syndrome"-Effekt – Wenn Emotionen das Herz beeinflussen

Das sogenannte „Gebrochenes-Herz-Syndrom" ist eine medizinisch anerkannte Herzschwäche, ausgelöst durch intensive emotionale Erlebnisse – oft nach Schock, Verlust oder Angst. Ärzte haben festgestellt: Das Herz zeigt dabei ähnliche Symptome wie bei einem Herzinfarkt, ohne dass Arterien verstopft sind. Ursache? Gedanken und Gefühle – purer Geist!

Verbindung zum Gesetz:

Das zeigt, wie mächtig unser Geist ist. Gedanken und Emotionen, immateriell und unsichtbar, können messbare, körperliche Veränderungen hervorrufen. Was du denkst, beeinflusst nicht nur deine Laune – sondern auch deine Gesundheit.

3. Wasser, Worte und Schwingung – Die Experimente von Masaru Emoto

Der japanische Forscher Masaru Emoto behauptete, dass Wasser auf Worte, Musik und Gedanken reagiert. In Experimenten fror er Wassertropfen ein, die zuvor positiven Worten („Liebe", „Dankbarkeit") oder schöner Musik ausgesetzt waren – und es entstanden wunderschöne Kristalle. Bei negativen Worten oder disharmonischer Musik wurden die Kristalle chaotisch.

Obwohl einige meinen, es sei wissenschaftlich umstritten, ist der Gedanke faszinierend: Wenn Gedanken auf Wasser wirken – und unser Körper besteht zu ca. 70 % aus Wasser – wie wirken dann unsere Gedanken auf uns selbst?

Verbindung zum Gesetz:

Alles ist Geist. Worte und Gedanken sind Schwingungen. Wie du über dich sprichst und denkst, formt nicht nur deine Psyche, sondern auch deinen Körper.

4. Das „Retikuläre Aktivierungssystem" – Dein innerer Filter für die Realität

Ein spannender Fakt aus der Neurowissenschaft: In deinem Gehirn sitzt das retikuläre Aktivierungssystem (RAS) – ein Filter, der entscheidet, welche Informationen du wahrnimmst. Stell dir vor, du denkst über ein bestimmtes Auto nach – plötzlich siehst du es überall. Oder du erwartest einen schlechten Tag – und bemerkst nur das Negative.

Verbindung zum Gesetz:

Das Gesetz der Geistigkeit besagt: Worauf du dich geistig fokussierst, erscheint in deiner Realität. Wissenschaftlich erklärt durch das RAS: Dein Geist stellt sich auf das ein, was du denkst – und blendet anderes aus. Du formst deine Welt durch deine Aufmerksamkeit.

5. Das Experiment mit zwei Gruppen von Hotelangestellten

Forscher der Harvard-Universität teilten Hotelangestellte in zwei Gruppen. Einer Gruppe wurde gesagt, dass ihre tägliche Arbeit (Betten machen, Putzen) ein gutes Workout sei. Die andere Gruppe bekam keine Infos. Nach vier Wochen: Die informierte Gruppe hatte Gewicht verloren, besseren Blutdruck und fühlte sich fitter – obwohl alle genau dieselbe Arbeit machten!

Verbindung zum Gesetz:

Der Unterschied? Nur der Gedanke. Ihre Überzeugung, „ich trainiere bei der Arbeit", beeinflusste ihren Körper messbar. Gedanken sind nicht nur Luft – sie erschaffen Realität.

6. Ein faszinierender Fakt aus der Quantenphysik: Das Doppelspalt-Experiment

Eines der seltsamsten Experimente der Physik zeigt: Ein Elektron verhält sich unterschiedlich, je nachdem, ob es beobachtet wird oder nicht. Ohne Beobachtung zeigt es Wellenmuster (Möglichkeit), mit Beobachtung Teilchenmuster (feste Realität). Kurz gesagt: Das Bewusstsein beeinflusst Materie.

Verbindung zum Gesetz:

Hermes sagte: Alles ist Geist. Die Quantenphysik zeigt: Auf kleinster Ebene reagiert die Materie auf das Bewusstsein. Dein „Beobachter" – also deine Gedanken und Erwartungen – beeinflusst, wie sich die Realität formt.

7. Dein Körper regeneriert sich im Schlaf durch... Gedanken?

Unbekannt, aber wissenschaftlich belegt: Positive Erwartungen vor dem Schlafen beeinflussen die Qualität deiner Erholung. Wer denkt: „Ich schlafe tief und fest und wache morgen erholt auf", zeigt bessere Erholungswerte.

Verbindung zum Gesetz:

Auch im Schlaf arbeitet der Geist weiter. Alles ist Geist bedeutet: Deine Gedanken wirken – Tag und Nacht.

Reflexionsfragen – Deine Gedanken unter der Lupe:

Nimm dir ein paar Minuten Zeit und beantworte diese Fragen ehrlich – für dich selbst:

- Welche Gedanken denke ich täglich über mich, mein Leben und meine Zukunft?
- Kann ich eine Situation erkennen, in der sich mein Gedanke in der Realität widergespiegelt hat?
- Welche Überzeugungen trage ich vielleicht noch aus der Kindheit, die mich heute einschränken?
- Was wäre, wenn ich ab heute bewusst Gedanken wähle, die mich stärken und ermutigen?
- Wie würde mein Leben aussehen, wenn ich daran glaube, dass meine Gedanken Realität erschaffen?

Schreibe deine Antworten auf. Manchmal bringt das Aufschreiben mehr Klarheit als reines Nachdenken. Neurowissenschaftlich hat das Aufschreiben auch eine viel größere Kraft... Was schreibt, das bleibt!

Mini-Experiment: Die 3-Tage-Gedanken-Challenge

Teste die Kraft deiner Gedanken mit dieser einfachen, aber effektiven Challenge: Ziel: Wähle für drei Tage ganz bewusst stärkende Gedanken – und beobachte, was passiert.

So geht's:

1. Morgens: Starte den Tag mit dem Satz: "Heute bin ich offen für positive Überraschungen."
2. Tagsüber: Wann immer du dich bei einem negativen Gedanken ertappst, stoppe kurz und frage: "Wie kann ich das gerade positiver sehen?"
3. Abends: Notiere drei Dinge, die an diesem Tag überraschend gut gelaufen sind – egal wie klein.

Warum das wirkt: Du trainierst deinen Geist, sich auf
Lösungen statt auf Probleme zu fokussieren. Nach drei Tagen
wirst du merken: Je bewusster du denkst, desto anders erlebst
du deinen Alltag.

Mythen & Missverständnisse
Das Gesetz der Geistigkeit bedeutet nicht, dass du nie wieder
negativ denken darfst. Gedanken kommen und gehen – das
ist menschlich. Der Unterschied liegt darin, welchen Gedanken
du glaubst und fütterst. Es geht nicht darum, alles rosarot zu
sehen, sondern bewusst zu entscheiden: Dient mir dieser
Gedanke? Oder schwächt er mich?
Auch geht es nicht darum, Verantwortung für Dinge zu
übernehmen, die außerhalb deiner Kontrolle liegen. Aber
deine Reaktion darauf – die kannst du wählen. Und genau hier
beginnt deine Schöpferkraft.

Abschluss: Dein Geist, dein Schlüssel
Wenn du nur eine Sache aus diesem Kapitel mitnimmst, dann
diese: Gedanken sind keine flüchtigen Hirngespinste. Sie sind
der Ursprung deiner Realität. Du musst nicht perfekt sein, aber
jeder bewusste Gedanke ist ein Samen für morgen. Wähle
weise.

Bereit für das nächste Gesetz?
Im nächsten Kapitel entdecken wir das Prinzip der
Entsprechung – und warum deine äußere Welt oft ein Spiegel
deines Inneren ist. Du wirst staunen, wie viel Kontrolle du hast,
wenn du diesen Spiegel lesen lernst.

Kapitel 3: Das zweite hermetische Gesetz – Das Prinzip der Entsprechung

„Wie oben, so unten; wie innen, so außen; wie im Großen, so im Kleinen." – Kybalion

Was bedeutet das Prinzip der Entsprechung?

Das zweite hermetische Gesetz zeigt uns eine tiefe Wahrheit: Alles ist miteinander verbunden. Was in einer Ebene existiert, spiegelt sich in einer anderen wider. Deine innere Welt – deine Gedanken, Gefühle und Überzeugungen – spiegelt sich in deiner äußeren Realität wider. Die Muster, die du in kleinen Dingen siehst, findest du auch in größeren Zusammenhängen. Denk einmal an einen See. Ist das Wasser ruhig, spiegelt es klar den Himmel. Ist es aufgewühlt, verzerrt es das Bild. Genauso funktioniert deine innere Welt: Bist du innerlich ruhig, siehst du die Welt klarer. Bist du unruhig, erscheint auch das Leben chaotischer.

Das Gesetz sagt nicht, dass du Schuld an allem bist, was passiert. Es zeigt vielmehr, dass deine Wahrnehmung, deine Reaktionen und deine inneren Überzeugungen großen Einfluss darauf haben, wie du das Leben erlebst.

Alltagsnahe Beispiele, die dich staunen lassen:

🔍*Beziehungen als Spiegel*

Kennst du das? Du triffst immer wieder auf Menschen, die dich triggern oder ähnliche Probleme in deinem Leben verursachen? Das kann ein Hinweis sein, dass sie etwas in dir spiegeln, das noch ungelöst ist.

Beispiel: Wenn du oft das Gefühl hast, nicht respektiert zu werden, könnte es sein, dass du dich selbst innerlich kritisierst oder deine eigenen Grenzen nicht wahrst. Sobald du beginnst, dich selbst mehr zu respektieren, verändern sich oft auch die Begegnungen im Außen.

Der chaotische Schreibtisch und das volle Gedankenkarussell

Ist dir aufgefallen, dass deine Umgebung oft deinem inneren Zustand entspricht? Ein überladener Schreibtisch, ein vollgestopftes Zimmer – das kann ein Spiegel für ein überfülltes Gedankenkarussell sein. Manchmal hilft es, im Außen Ordnung zu schaffen, um innerlich ruhiger zu werden. Und andersherum: Klare Gedanken helfen oft dabei, äußere Ordnung zu schaffen.

Der Körper als Sprachrohr der Seele

Ein Kopfschmerz, der immer dann auftaucht, wenn du etwas „nicht mehr hören kannst"? Oder Verspannungen, wenn du dich „unter Druck gesetzt" fühlst? Unser Körper spricht in Symbolen. Wenn du lernst, darauf zu hören, erkennst du viele Zusammenhänge zwischen inneren Zuständen und körperlichen Reaktionen.

Natur als perfektes Spiegelbild

Schau dir den Aufbau des Universums an: Galaxien, Sonnensysteme, die Struktur von Bäumen oder sogar deiner Lungenbläschen – sie ähneln sich verblüffend. Was im Großen passiert, spiegelt sich im Kleinen wider. Dieses Gesetz zeigt uns: Alles ist Teil eines großen Ganzen.

Warum ist dieses Gesetz so kraftvoll?
Wenn du beginnst, die Welt als Spiegel zu sehen, passiert
etwas Wunderbares:
- Du hörst auf, dich als Opfer der Umstände zu fühlen.
- Du erkennst, welche Themen in dir bearbeitet werden
  möchten.
- Du bekommst die Macht zurück, dein Leben zu verändern
  – von innen heraus.

Statt zu fragen: „Warum passiert mir das immer?", kannst du
fragen: „Was will mir das gerade zeigen?" Diese
Perspektivänderung ist oft der erste Schritt zu mehr Klarheit,
innerem Frieden und neuen Möglichkeiten.

Praktische Übungen für den Alltag
Übung 1: Der Spiegel-Check
Wenn dich heute jemand oder etwas aufregt, frage dich: „Was
genau triggert mich gerade? Wo finde ich dieses Thema in mir
selbst?" Vielleicht stört dich an jemandem die Ungeduld – bist
du gerade selbst ungeduldig mit dir?
Diese Übung hilft, Reaktionen nicht einfach hinzunehmen,
sondern als Hinweis zur Selbstreflexion zu nutzen.

Übung 2: Innen aufräumen, außen erleben
Fühlst du dich gerade unruhig? Setze dich für fünf Minuten
hin, atme tief durch und schreibe auf: „Was beschäftigt mich
gerade?" Danach räume eine kleine Ecke deines Zimmers auf
– egal ob Schreibtisch, Schublade oder ein Stuhl mit
Klamotten. Du wirst staunen, wie beides zusammenhängt.

Übung 3: Die 7-Tage-Spiegel-Challenge

Verpflichte dich eine Woche lang, alles, was dich im Außen stört oder freut, als Spiegel zu betrachten. Schreibe abends auf:

- Was hat mich heute positiv überrascht? Was spiegelt das in mir wider?
- Was hat mich geärgert? Was möchte ich daran in mir erkennen?
- Nach sieben Tagen wirst du Muster erkennen, die dir vorher nicht bewusst waren.

Übung 4: Lächeln als Spiegel

Ein einfacher Trick: Lächle bewusst Menschen an – auch Fremde. Du wirst merken: Die meisten spiegeln dein Lächeln zurück. So kannst du direkt erleben, wie dein Inneres das Äußere beeinflusst.

Reflexionsfragen – Was spiegelt dir das Leben?
- Wann habe ich zuletzt eine Situation erlebt, in der das Außen mein Inneres widergespiegelt hat?
- Gibt es wiederkehrende Themen oder Menschen in meinem Leben? Was könnten sie mir zeigen?
- Wo kann ich innerlich etwas verändern, um auch im Außen eine Veränderung zu erleben?
- Wie würde sich mein Leben verändern, wenn ich alles als Spiegel sehen würde – nicht als Schuldzuweisung, sondern als Chance zur Entwicklung?

Fazit: Der Spiegel, der dich befreit
Das Prinzip der Entsprechung lädt dich ein, Verantwortung für dein Erleben zu übernehmen – liebevoll und ohne Schuldzuweisung. Alles, was dir begegnet, kann ein Lehrer sein. Manchmal sind die Spiegel klar und angenehm, manchmal herausfordernd. Doch jeder zeigt dir einen Weg zu mehr Selbsterkenntnis und innerem Frieden.
Je mehr du dieses Gesetz verinnerlichst, desto mehr erkennst du: Veränderung beginnt immer in dir. Und das ist kein Fluch, sondern ein Geschenk.

Bereit für das nächste Gesetz?
Im nächsten Kapitel entdecken wir das Prinzip der Schwingung – und du wirst lernen, wie alles in Bewegung ist, auch wenn es still erscheint und wie du deine eigene Frequenz anheben kannst, um mehr Freude und Leichtigkeit in dein Leben zu bringen. Bereit? Lass uns weiterreisen!

Kapitel 4: Das dritte hermetische Gesetz – Das Prinzip der Schwingung
„Nichts ruht; alles bewegt sich; alles schwingt." – Kybalion

Was bedeutet das Prinzip der Schwingung?
Stell dir vor, alles in diesem Universum – ja, wirklich alles – ist in ständiger Bewegung. Nichts steht still. Nicht der Stein auf dem Boden, nicht die Luft um dich herum und auch nicht du selbst. Selbst Dinge, die fest und unbeweglich wirken, bestehen aus Molekülen, Atomen und subatomaren Teilchen, die permanent schwingen. Alles ist Schwingung.
Doch was hat das mit deinem Leben zu tun? Deine Gedanken, Gefühle und Worte haben eine eigene Frequenz. Freude, Dankbarkeit und Liebe schwingen hoch. Angst, Wut und Trauer dagegen niedrig.

Und hier liegt die Magie: Gleiches zieht Gleiches an. Deine Schwingung ist wie ein unsichtbares Signal, das du permanent aussendest – und das Leben antwortet darauf.

Spannende Beispiele, die dich zum Staunen bringen:
Der unsichtbare Einfluss deiner Stimmung
Kennst du das? Du betrittst einen Raum, in dem gerade gestritten wurde und spürst sofort eine angespannte Stimmung – selbst wenn alle schweigen. Oder jemand lacht herzlich und du musst automatisch mitlachen. Das ist Schwingung in Aktion. Wir spüren sie, auch wenn wir sie nicht sehen können.

Musik als Frequenz-Booster
Denk an dein Lieblingslied. Wenn es läuft, hebt sich deine Laune – manchmal schlagartig. Musik ist Schwingung, die direkt deine eigene Frequenz beeinflusst. Das gleiche Prinzip gilt für Worte: Ein aufrichtiges „Ich glaube an dich" kann dich beflügeln. Ein verletzender Satz dagegen zieht dich herunter.

Das berühmte Stimmgabel-Experiment
Wenn du zwei gleiche Stimmgabeln nebeneinander hältst und nur eine anschlägst, beginnt die andere von selbst mitzuschwingen. Warum? Weil Schwingung überträgt. Genauso überträgt sich deine innere Frequenz auf deine Umwelt. Wenn du gelassen bleibst, während alle um dich herum gestresst sind, kannst du ein Ruhepol sein – und andere damit anstecken.

Hast du dich je gefragt, warum manche Menschen scheinbar immer Glück haben, während andere von einem Problem ins nächste stolpern? Glückspilze haben oft eine hohe Schwingung: Sie erwarten das Gute – und ziehen es an. Pechvögel erwarten eher das Schlechte – und erleben genau das. Deine Erwartung ist deine Schwingung.

Warum ist dieses Gesetz so kraftvoll?

Weil es dir zeigt: Du bist kein Spielball der Umstände. Du kannst aktiv beeinflussen, was du ausstrahlst – und damit, was du anziehst. Du bist wie ein Radiosender. Wenn du auf „Freude FM" sendest, empfängst du freudvolle Erlebnisse. Sendest du auf „Alles ist schwer AM", wirst du das zurückbekommen.

Das bedeutet nicht, dass du immer glücklich sein musst. Aber du hast die Macht, deine Schwingung bewusst zu verändern. Manchmal reichen kleine Impulse: ein Spaziergang in der Natur, ein tiefer Atemzug, ein herzliches Gespräch oder eine kurze Meditation.

Praktische Übungen für den Alltag – Wie du deine Schwingung anhebst:

Übung 1: Die 60-Sekunden-Schwingungsdusche

Wenn du dich schlecht fühlst, schließe kurz die Augen. Denke an einen Moment, der dich glücklich gemacht hat. Lächle dabei – auch wenn es sich anfangs gezwungen anfühlt. Spüre, wie sich deine Energie in weniger als einer Minute verändert.

Übung 2: Dankbarkeits-Quickie

Dreimal am Tag (z.B. morgens, mittags, abends) nenne laut oder leise drei Dinge, für die du *gerade* dankbar bist – egal wie klein. Dankbarkeit ist eine der schnellsten Möglichkeiten, deine Schwingung zu erhöhen.

Übung 3: Der Frequenz-Filter

Achte eine Woche bewusst darauf, was du konsumierst: Nachrichten, Gespräche, Social Media. Was hebt dich? Was zieht dich runter? Streiche, was dich energetisch schwächt, und ersetze es durch etwas, das dich inspiriert.

Übung 4: Bewegung = Schwingung

Beweg dich! Tanz zu deinem Lieblingslied, geh spazieren, spring herum. Körperliche Bewegung bringt deine Energie in Fluss und hilft, festgefahrene Gefühle zu lösen.

Reflexionsfragen – Deine Schwingung unter der Lupe:

- Wie fühlt sich meine Energie heute an? Hoch, niedrig oder neutral?
- Was hebt meine Stimmung zuverlässig? (Lieder, Orte, Menschen?)
- Welche Gewohnheiten senken meine Schwingung, ohne dass ich es bemerke?
- Wie kann ich im Alltag öfter in eine höhere Frequenz kommen?

Fazit: Du bist die Frequenz, die du sendest

Das Prinzip der Schwingung ist wie ein kosmischer Tanz: Alles bewegt sich, alles reagiert aufeinander. Du bist Teil dieses Tanzes – ob bewusst oder unbewusst. Je mehr du lernst, deine eigene Frequenz zu steuern, desto mehr wirst du erleben, wie das Leben auf dich reagiert.

Und das Beste? Schon kleine Veränderungen haben große Auswirkungen. Beginne heute. Tanze. Lächle. Denke liebevolle Gedanken. Du bist ein Schwingungsfeld – mach es zu einem Ort, an dem du gerne lebst.

Bist du bereit für das nächste Gesetz?

Im kommenden Kapitel tauchen wir ein in das Prinzip der Polarität – und entdecken, warum alles zwei Seiten hat, wie du das Positive im Negativen findest und warum Gegensätze oft nur unterschiedliche Extreme derselben Sache sind. Es wird augenöffnend – versprochen!

Kapitel 5: Das vierte hermetische Gesetz – Das Prinzip der Polarität

„Alles ist zweifach; alles hat Pole; alles hat sein Gegenteil. Gleich und ungleich sind dasselbe; Gegensätze sind identisch in ihrer Natur, verschieden nur im Grad." – Kybalion

Was bedeutet das Prinzip der Polarität?

Stell dir vor, du hältst einen Stock in der Hand. An einem Ende ist er „kalt", am anderen „heiß". Doch wo genau hört das eine auf und wo beginnt das Andere? Heiß und kalt sind keine Gegensätze, sondern zwei Extreme derselben Sache: Temperatur. Dasselbe gilt für Licht und Dunkelheit (Dunkelheit ist nur die Abwesenheit von Licht), Liebe und Hass (beides Emotionen auf derselben Skala), Erfolg und Misserfolg. Das Prinzip der Polarität sagt: Alles hat zwei Pole – und beides gehört zusammen. Ohne Dunkelheit wüsstest du nicht, was Licht ist. Ohne Traurigkeit würdest du Freude nicht schätzen. Gegensätze existieren, um sich zu ergänzen. Und hier liegt der Knaller: Du kannst lernen, von einem Pol zum anderen zu wechseln!

Warum ist dieses Gesetz so faszinierend?

Weil es dir zeigt, dass du in schwierigen Momenten nicht feststeckst. Du bist nicht Opfer der Umstände. Wenn alles zwei Pole hat, dann kannst du – mit etwas Bewusstsein – die Richtung wechseln. Von Angst zu Mut. Von Frust zu Akzeptanz. Von Hass zu Verständnis.

Das ist keine Magie, sondern ein Naturgesetz. Du musst nur die Verbindung zwischen den Extremen erkennen und lernen, deine Perspektive zu verändern.

Beispiele, die dich packen werden:

Der Feind, der dein größter Lehrer ist

Vielleicht hast du jemanden in deinem Leben, der dich zur Weißglut treibt. Doch was, wenn dieser Mensch genau die Eigenschaften in dir spiegelt, die du selbst unterdrückst oder ablehnst? Hass und Liebe sind Pole derselben Energie – oft hassen wir nur dort, wo einmal tiefe Emotionen waren. Wenn du beginnst, zu fragen: „Was kann ich von dieser Situation lernen?", drehst du den Pol. Was gestern als Problem erschien, wird heute zur Gelegenheit für Wachstum.

Erfolg & Misserfolg – Zwei Seiten einer Medaille

Denk an große Erfinder. Thomas Edison sagte über seine 1000 fehlgeschlagenen Glühbirnen-Experimente: „Ich habe nicht versagt. Ich habe 1000 Wege gefunden, wie es nicht funktioniert." Was andere als Misserfolg sahen, war für ihn nur ein Schritt zum Erfolg. Der Unterschied? Sein Blickwinkel.

Die Wut, die dich in Bewegung bringt

Wut gilt oft als negativ. Aber: Wut ist pure Energie. Sie zeigt dir Grenzen. Sie fordert Veränderung. Stell dir vor, du fühlst Wut und anstatt sie wegzudrücken, fragst du: „Wofür kann ich diese Energie nutzen?" Aus Wut wird Mut. Aus Zorn Entschlossenheit. Du hast den Schalter in der Hand.

Schmerz & Freude – Wie nah das beieinander liegt

Warum weinen wir manchmal vor Freude? Oder lachen in Momenten der Erleichterung nach großer Anspannung? Weil Gegensätze oft so nah beieinanderliegen, dass sie sich berühren. Emotionen sind fließend. Du kannst sie steuern, wenn du dir dessen bewusst bist.

Wie du die Polarität für dich nutzt:

Das Leben wird leichter, wenn du erkennst: Es geht nicht darum, Negatives zu vermeiden, sondern es zu transformieren. Jedes negative Gefühl, jede schwierige Situation birgt das Potenzial für ihre positive Entsprechung. Frage dich in herausfordernden Momenten:

- „Was ist der Gegenpol dieser Situation?"
- „Wie kann ich von Angst in Vertrauen wechseln?"
- „Was möchte mir dieses Gefühl zeigen?"

Du bist kein Spielball deiner Emotionen. Du bist derjenige, der den Regler bewegt.

Praktische Übungen, die sofort wirken:

Übung 1: Der Polaritäts-Schieber

Wenn du dich schlecht fühlst, halte inne und frage: „Was ist das Gegenteil von dem, was ich gerade fühle?" Dann überlege, welcher kleine Schritt dich in diese Richtung bewegen könnte. Beispiel: Von Erschöpfung zu Energie Tief durchatmen, kurz spazieren, meditieren, Lieblingslied hören....

Übung 2: Die Wut-zu-Mut-Technik

Wenn dich etwas aufregt, schreibe die Situation auf. Dann beantworte:

- „Warum macht mich das wütend?"
- „Was will ich stattdessen fühlen?"
- „Welche Handlung bringt mich dort hin?"
- Oft reicht eine Entscheidung: „Ich tue jetzt…" – und du spürst, wie sich der Pol verschiebt.

Übung 3: Licht im Schatten finden

Nimm ein Erlebnis, das du als negativ empfandest. Frage dich:

- „Was habe ich dadurch gelernt?"
- „Was wäre Positives daran, wenn ich es aus einer anderen Perspektive betrachte?"
- „Wie hat mich das stärker gemacht?"
- Diese Übung zeigt dir, dass selbst Schmerz eine Botschaft trägt.

Übung 4: Das Freudenpendel

Wenn du merkst, dass du emotional „abrutschst", tue etwas, das dich sofort hebt: Lieblingssong an, Fenster auf, Sonne ins Gesicht. Du bist wie ein Pendel – schwing in die andere Richtung!

Reflexionsfragen – Erkenne deine Pole:
- Wo in meinem Leben fühle ich gerade ein extremes Gefühl oder sehe ein Erlebnis?
- Was wäre der gegenteilige Pol – und wie könnte ich mich in diese Richtung bewegen?
- Welche Situationen haben mich im Nachhinein stärker gemacht, obwohl sie schmerzhaft waren?
- Wie kann ich Negatives als Sprungbrett für Wachstum nutzen?

Fazit: Du hast die Wahl

Das Gesetz der Polarität ist kein Spiel mit Zufall – es ist ein Aufruf an dich: Du hast immer eine Wahl. Vielleicht nicht in dem, was passiert – aber immer darin, wie du es siehst und darauf reagierst. Probleme sind Gelegenheiten in Verkleidung. Schatten existieren nur, weil irgendwo Licht ist.

Wenn du beginnst, die Pole zu erkennen und sie bewusst zu wechseln, wirst du erleben: Das Leben ist nicht gegen dich. Es ist für dich. Es gibt dir immer die Chance, dich neu auszurichten. Und je schneller du lernst, den Regler zu bewegen, desto weniger Zeit verbringst du in der Dunkelheit.

Bereit für das nächste Gesetz?

Im nächsten Kapitel erforschen wir das Prinzip des Rhythmus – und du wirst erkennen, dass das Leben in Wellen kommt. Mal oben, mal unten – doch wenn du lernst, mit den Rhythmen zu tanzen, anstatt gegen sie zu kämpfen, wird dein Leben leichter, fließender und voller Freude. Bist du bereit? Es wird kraftvoll!

Kapitel 6: Das fünfte hermetische Gesetz – Das Prinzip des Rhythmus

„Alles fließt, aus und ein; alles hat seine Gezeiten; alles hebt sich und fällt; das Maß des Schwungs nach rechts ist das Maß des Schwungs nach links; Rhythmus gleicht aus." – Kybalion

Was bedeutet das Prinzip des Rhythmus?
Stell dir vor, das Leben wäre wie der Ozean. Die Wellen kommen… und sie gehen. Mal ist das Meer ruhig, mal toben Stürme. Genau so verhält sich alles im Universum – und auch dein Leben: Freude und Trauer, Erfolg und Stillstand, Energie und Erschöpfung – alles folgt einem natürlichen Rhythmus.

Das Prinzip des Rhythmus zeigt: Alles pendelt zwischen zwei Polen. Nichts bleibt für immer oben, nichts für immer unten. Erinnere dich an die Schaukel auf dem Spielplatz: Schwingt sie nach vorn, muss sie auch nach hinten. Das Leben funktioniert genauso. Versuche, es zu stoppen – und du kämpfst gegen die Natur. Lerne, mit dem Rhythmus zu fließen – und du gewinnst Leichtigkeit.

Warum ist dieses Gesetz so befreiend?
Weil es dir zwei kraftvolle Erkenntnisse schenkt:
1. Schlechte Zeiten vergehen. Immer. Auch wenn es sich im Moment nicht so anfühlt.
2. Gute Zeiten sind zum Genießen da – ohne Angst davor, dass sie enden. Sie machen Platz für Neues.

Das Leben ist wie Atmen: Einatmen. Ausatmen. Versuch mal, nur einzuatmen – unmöglich! Ebenso brauchen wir Aktivität und Ruhe, Licht und Schatten, Freude und Nachdenklichkeit. Das große Geheimnis? Du kannst lernen, dich nicht von den Tiefs mitreißen zu lassen und die Hochs bewusst zu feiern. Rhythmus ist kein Feind. Er ist dein Tanzpartner.

Beispiele, die dich wachrütteln:
Die Natur lebt es vor
Tag und Nacht. Ebbe und Flut. Jahreszeiten. Die Natur kämpft nicht dagegen. Im Winter ruht sie. Im Frühling blüht sie auf. Stell dir vor, ein Baum würde sich zwingen, im Winter Blätter zu tragen – absurd, oder? Warum tun wir Menschen das oft? Wir erwarten ständig Hochleistung. Doch auch du hast „Jahreszeiten" in deinem Leben – und alle haben ihren Sinn.

Emotionen kommen in Wellen

Hast du schon einmal bemerkt, wie Gefühle wie Wellen
aufsteigen und abflauen? Du bist traurig… dann lachst du
unerwartet über einen Witz. Du bist wütend… und plötzlich
ganz ruhig. Gefühle wollen gefühlt werden. Kämpfst du gegen
sie an, bleiben sie. Lässt du sie kommen und gehen, ziehen
sie schneller vorbei.

Der Rhythmus in Beziehungen

Auch in Freundschaften und Partnerschaften gibt es Phasen:
Mal fühlt ihr euch verbunden, mal ist Abstand nötig. Das ist
normal! Das Geheimnis guter Beziehungen? Den Rhythmus
akzeptieren. Nähe genießen. Abstand nicht fürchten.

Der eigene Biorhythmus

Manche Menschen sind morgens energiegeladen, Andere
abends. Manchmal hast du Wochen voller Elan, dann brauchst
du mehr Ruhe. Hör auf deinen Körper. Er folgt seinem eigenen
Rhythmus – egal, wie sehr der Kalender dich hetzt.

Wie du mit dem Rhythmus fließen kannst:
Statt gegen das Auf und Ab des Lebens anzukämpfen, kannst
du lernen, mit den Wellen zu reiten:

- In Hochphasen: Gib Gas, nutze die Energie, ernte,
  genieße.
- In Tiefphasen: Gönn dir Ruhe, reflektiere, tanke auf.

Das klingt einfach, aber wir neigen oft dazu, gegen diese
natürlichen Zyklen anzukämpfen. Wir wollen immer produktiv,
immer fröhlich, immer „on" sein. Doch echte Kraft entsteht aus
dem Wechselspiel.

Praktische Übungen – Dein Rhythmus, deine Stärke:

Übung 1: Wellenreiten im Alltag

Beobachte heute bewusst deine Energie:

- Wann fühlst du dich lebendig?
- Wann brauchst du Pause?
- Hör darauf. Leg, wenn möglich, an Tiefpunkten kurze Ruhephasen ein – auch 5 Minuten bewusstes Atmen helfen. In Hochphasen erledige Aufgaben, die Energie brauchen.

Übung 2: Rhythmus-Tagebuch (7-Tage-Challenge)

Notiere eine Woche lang täglich:

- Wie war meine Energie (Skala 1–10)?
- Welche Gefühle waren präsent?
- Was hat mir gutgetan? Was nicht?
- Nach einer Woche erkennst du Muster – und kannst besser planen.

Übung 3: Die „Welle des Gefühls" reiten

Wenn ein starkes Gefühl auftaucht (Wut, Traurigkeit, Freude):

- Setz dich hin, schließe die Augen.
- Spüre es. Ohne zu bewerten.
- Stell dir vor, du surfst auf einer Welle. Lass das Gefühl aufsteigen – und vorbeiziehen.
- So lernst du: Gefühle sind Besucher. Du bist das Haus.

Übung 4: Dein persönlicher Rhythmus-Song

Finde ein Lied, das dich energetisch aufbaut – und eins, das dich beruhigt. Nutze sie bewusst: Das Eine zum Aufdrehen, das Andere zum Runterkommen. Musik ist pure Schwingung und unterstützt deinen Rhythmus.

Reflexionsfragen – Tanz mit deinem Leben:

- Wo in meinem Leben kämpfe ich gegen natürliche Zyklen an?
- Wie würde es sich anfühlen, wenn ich Tiefphasen annehme, statt sie zu bekämpfen?
- Was kann ich tun, um Hochphasen bewusster zu genießen?
- Wo kann ich mehr auf meinen eigenen Rhythmus hören?

Fazit: Werde zum Tänzer deines Lebens

Das Prinzip des Rhythmus zeigt dir: Nichts bleibt, wie es ist. Gute Zeiten kommen. Schlechte Zeiten gehen. Widerstand bringt Leid. Akzeptanz bringt Frieden.

Wenn du lernst, die Wellen des Lebens zu reiten, verlierst du die Angst vor Tiefs – und genießt die Hochs umso mehr. Das Leben ist kein gerader Weg. Es ist ein Tanz. Mal schnell, mal langsam. Mal laut, mal leise. Wichtig ist, dass du tanzt.

Bist du bereit für das nächste Gesetz?

Im nächsten Kapitel erforschen wir das Prinzip von Ursache und Wirkung – und du wirst erkennen, dass nichts zufällig passiert. Jede Handlung, jeder Gedanke hat Folgen. Wie du das für dich nutzen kannst, um das Leben zu erschaffen, das du willst? Genau das erfährst du gleich. Mach dich bereit – es wird kraftvoll und augenöffnend!

Kapitel 7: Das sechste hermetische Gesetz – Das Prinzip von Ursache und Wirkung

„Jede Ursache hat ihre Wirkung; jede Wirkung hat ihre Ursache. Zufall ist nur der Name für ein unbekanntes Gesetz."
– Kybalion

Was bedeutet das Prinzip von Ursache und Wirkung?
Hast du schon einmal gedacht: „Warum passiert mir das?"
Oder: „Das ist doch reiner Zufall!" Dieses Gesetz sagt: Zufall existiert nicht. Alles, was in deinem Leben geschieht, hat eine Ursache – ob du sie erkennst oder nicht. Jede Handlung, jedes Wort, jeder Gedanke ist wie ein Stein, den du ins Wasser wirfst. Die Wellen, die er schlägt, breiten sich aus. Manchmal siehst du die Wirkung sofort. Manchmal braucht sie Zeit.
Aber eines ist sicher: Nichts passiert ohne Grund. Dieses Gesetz erinnert dich daran: Du bist kein machtloser Beobachter. Du bist ein aktiver Gestalter. Deine heutigen Entscheidungen sind die Ursachen deiner morgigen Erfahrungen.

Warum ist dieses Gesetz so kraftvoll?

Weil es dir radikale Ehrlichkeit und unglaubliche Macht schenkt. Ehrlichkeit, weil es dich auffordert, Verantwortung zu übernehmen – für das, was in deinem Leben geschieht. Macht, weil du begreifst: Wenn du die Ursache setzt, kannst du die Wirkung bestimmen.
Du willst mehr Freude? Sei die Ursache, indem du Freude in die Welt bringst. Du sehnst dich nach Respekt? Sei die Ursache, indem du dich selbst und andere respektierst. Du wünschst dir Liebe? Sei die Ursache – nicht der passive Empfänger.
Das ist kein esoterischer Hokuspokus. Es ist Alltag. Du erntest, was du säst. Immer.

Beispiele, die dich wachrütteln werden:

Denk an jemanden, der ständig denkt: „Ich bin nicht gut genug." Wie tritt diese Person auf? Unsicher, zurückhaltend. Wie reagieren andere? Sie spüren diese Unsicherheit – und behandeln sie vielleicht entsprechend. Der Gedanke war die Ursache. Die Realität die Wirkung. Jede Gedanke hat seine Energie

Ein unbedachtes Wort kann eine Freundschaft belasten. Ein aufrichtiges Kompliment kann den Tag eines Menschen erhellen – vielleicht sogar sein Leben verändern. Was du sagst, hat Wirkung. Immer. Worte sind Energie.

Zu wenig Schlaf, schlechte Ernährung, Stress – die Ursachen. Müdigkeit, Krankheit, Erschöpfung – die Wirkungen. Und umgekehrt: Bewegung, frische Luft, gesunde Ernährung – Ursachen für Energie, Wohlbefinden und Kraft.

Menschen, die scheinbar „über Nacht" erfolgreich werden, haben oft Jahre an sich gearbeitet. Unsichtbare Ursachen (Fleiß, Lernen, Scheitern und Weitermachen) führen zu sichtbaren Wirkungen. Was für andere wie Glück wirkt, ist oft die Folge konsequenter Ursachen.

Beziehungen als Spiegel deiner Ursachen

Wenn du oft ähnliche Konflikte in Beziehungen erlebst, frag dich: „Welche Ursache setze ich immer wieder?" Vielleicht wählst du immer denselben Beziehungstyp. Oder du sendest Signale, die unbewusst Distanz erzeugen. Veränderst du die Ursache (deine Muster), ändert sich die Wirkung (deine Beziehungen).

Wie du das Gesetz für dich nutzen kannst:

Wenn du erkennst, dass jede Wirkung auf eine Ursache zurückgeht, kannst du zwei Dinge tun:

- Rückwärts schauen: „Warum passiert mir das gerade? Welche Ursache habe ich – bewusst oder unbewusst – gesetzt?"
- Vorwärts denken: „Welche Wirkung will ich? Welche Ursache muss ich dafür heute setzen?"

Das gibt dir eine unglaubliche Macht zurück. Du bist nicht mehr Spielball des Lebens. Du wirst zum Spieler.

Praktische Übungen – Werde zur Ursache deines Lebens:

Übung 1: Die Wirkungsanalyse

Denk an eine aktuelle Situation, die dich stört. Frage dich:

- „Was ist hier gerade die Wirkung?"
- „Welche Ursache könnte ich gesetzt haben?" (Gedanken, Worte, Handlungen, Entscheidungen?)
- „Was kann ich jetzt tun, um eine andere Wirkung zu erzielen?"

Übung 2: Setze bewusst eine neue Ursache

Willst du heute mehr Freude? Schenk jemandem ein Lächeln.

Willst du mehr Dankbarkeit erleben? Bedanke dich bei jemandem.

Willst du respektvoll behandelt werden? Sei heute besonders achtsam im Umgang mit anderen.

Beobachte, wie sich deine Umwelt verändert, wenn du die Ursache bist.

Übung 3: Der Zukunfts-Architekt

Schreibe auf, wie dein Leben in einem Jahr aussehen soll. Dann frage dich:

- „Welche Ursachen setze ich heute, um dort hinzukommen?"
- „Was hindert mich bisher daran, diese Ursachen zu setzen?"
- Mache einen Plan. Ein kleiner Schritt heute kann eine große Wirkung morgen haben.

Übung 4: Die 7-Tage-Ursachen-Challenge

Setze eine Woche lang bewusst positive Ursachen:

- Ein Kompliment pro Tag
- Jeden Tag eine kleine gute Tat
- Jeden Tag ein Gedanke der Dankbarkeit
- Schau, welche Wirkungen sich in dieser Woche zeigen. Du wirst überrascht sein.

Reflexionsfragen – Sei ehrlich zu dir:
- Wo in meinem Leben erlebe ich gerade Wirkungen, die ich nicht mag? Welche Ursachen könnten dahinterstecken?
- Welche Muster wiederholen sich? Was ist die zugrunde liegende Ursache?
- Welche neue Ursache kann ich heute setzen, um eine bessere Zukunft zu erschaffen?
- Wo habe ich bisher Verantwortung abgegeben – und wie fühlt es sich an, sie zurückzuholen?

Fazit: Du bist nicht das Blatt im Wind. Du bist der Wind.
Dieses Gesetz ist ein Weckruf: Warte nicht auf bessere Umstände. Sei die Ursache dafür. Jeder Gedanke, jedes Wort, jede Tat ist ein Samen. Du entscheidest, was wächst. Unkraut? Oder Blumen? Zweifel? Oder Vertrauen? Angst? Oder Mut?
Manchmal sind die Wirkungen verzögert. Das ist wie beim Bambus: Er wächst die ersten Jahre kaum sichtbar, während seine Wurzeln sich tief ausbreiten – und dann, plötzlich, schießt er in den Himmel. Bleib dran. Setze die Ursachen. Die Wirkung kommt. Immer.

Bereit für das letzte der sieben hermetischen Gesetze?
Im nächsten Kapitel erkunden wir das Prinzip des Geschlechts – und nein, es geht nicht nur um das, was du denkst. Es geht um das Zusammenspiel von aktiver und empfangender Energie in allem. Wie du diese beiden Kräfte in dir in Balance bringst und dadurch deine Kreativität, Kraft und Klarheit auf ein neues Level hebst – das wird dich überraschen. Mach dich bereit – es wird transformierend!

Kapitel 8: Das siebte hermetische Gesetz – Das Prinzip des Geschlechts

„Geschlecht ist in allem; alles hat männliche und weibliche Prinzipien. Geschlecht offenbart sich auf allen Ebenen." –
Kybalion

Was bedeutet das Prinzip des Geschlechts wirklich?

Wenn du „Geschlecht" hörst, denkst du vielleicht an Mann und Frau. Aber das hermetische Gesetz geht viel tiefer. Es spricht nicht von biologischem Geschlecht, sondern von zwei universellen Energien, die in allem existieren:

Das männliche Prinzip: Aktiv, gebend, nach außen gerichtet. Steht für Verstand, Aktion, Logik und Durchsetzungskraft.

Das weibliche Prinzip: Passiv (im Sinne von empfangend), aufnehmend, nach innen gerichtet. Steht für Intuition, Kreativität, Hingabe und Empfänglichkeit.

Das Faszinierende? Beide Energien wirken in jedem Menschen – unabhängig vom Geschlecht. Du kannst super strukturiert sein (männliche Energie) und gleichzeitig tief kreativ (weibliche Energie). Du kannst handeln (männlich) und empfangen (weiblich). Wahre Kraft liegt in der Balance beider Pole.

Warum ist dieses Gesetz so transformierend?

Weil es dir zeigt: Du musst nicht immer tun, um zu empfangen. Und du musst nicht immer warten, um aktiv zu werden. Erfolg entsteht, wenn beide Energien zusammenarbeiten.

Zu viel männliche Energie? Du hetzt von Aufgabe zu Aufgabe, verlierst Freude und Flexibilität.

Zu viel weibliche Energie? Du träumst viel, kommst aber nicht ins Handeln.

Balance bedeutet:

Du hast Visionen (weiblich) und setzt sie um (männlich).

Du hörst auf deine Intuition (weiblich) und triffst klare Entscheidungen (männlich).

Du gibst (männlich) und kannst empfangen (weiblich) – sei es Lob, Hilfe oder Liebe.

Diese Balance ist wie das Zusammenspiel von Ein- und Ausatmen. Du brauchst beides.

Beispiele, die dich begeistern werden:

Kreativität trifft Umsetzung

Stell dir vor, du hast eine brillante Idee für ein Projekt. Das ist deine weibliche Energie – kreativ, inspirierend. Aber wenn du sie nie umsetzt? Bleibt sie ein Gedanke. Erst wenn du ins Tun kommst (männliche Energie), wird aus der Idee Realität.

Beziehungen: Das ewige Spiel von Geben und Empfangen

Kennst du Menschen, die immer geben, geben, geben – und am Ende ausgebrannt sind? Das ist überschießende männliche Energie ohne Balance. Oder solche, die immer nur warten, hoffen, passiv bleiben? Zu viel weibliche Energie ohne Aktion.

Wahre Verbindung entsteht, wenn du geben kannst, ohne dich zu verausgaben – und empfangen kannst, ohne dich schuldig zu fühlen.

Dein Alltag als Spiegel

Arbeitest du viel, erreichst aber kaum Erfüllung? Vielleicht brauchst du mehr Empfänglichkeit: Pausen, Inspiration, Intuition.

Träumst du viel von Veränderungen, kommst aber nicht voran? Zeit, deine männliche Energie zu aktivieren: Plane, handle, zieh durch!

Wie du beide Energien in dir in Balance bringst:

Männliche Energie stärken:

- Triff klare Entscheidungen.
- Setze dir Deadlines und halte sie ein.
- Bewege dich kraftvoll (z. B. schnelles Gehen, Sport).
- Steh zu deiner Meinung.

Weibliche Energie stärken:

- Nimm dir Zeit für Kreativität (malen, tanzen, schreiben).
- Vertraue deiner Intuition – was sagt dein Bauchgefühl?
- Gönn dir Ruhe ohne schlechtes Gewissen.
- Sei empfänglich: Sag „Ja", wenn Hilfe kommt.

Die Magie liegt im Wechsel: Nach einer produktiven Phase (männlich) belohne dich mit Zeit für dich (weiblich). Spüre, wie du dadurch kraftvoll und gleichzeitig entspannt wirst.

Praktische Übungen – Aktiviere deine innere Balance:

Übung 1: Der Balance-Check

Schreibe zwei Listen:

- „Wo lebe ich gerade mehr männliche Energie?" (z. B. viel Arbeit, Kontrolle, Druck)
- „Wo lebe ich mehr weibliche Energie?" (z. B. Träumen, Warten, Passivität)
- Frage dich: „Wo fehlt das Gegengewicht?" – und setze kleine Schritte.

Übung 2: Intuition vs. Verstand

Vor einer Entscheidung

- Frage zuerst deinen Verstand (männlich): „Was ist logisch?"
- Dann frage dein Herz (weiblich): „Wie fühlt sich das an?"
- Die beste Entscheidung vereint beides.

<u>Übung 3: Gib heute… und empfange bewusst</u>
- Mach jemandem ein Kompliment (Geben, männlich).
- Nimm ein Kompliment an, ohne abzuwinken (Empfangen, weiblich).
- Spüre den Unterschied.

<u>Übung 4: Kreativ handeln</u>

Hast du eine Idee? Heute ist der Tag: Mach den ersten Schritt. Mal fünf Minuten brainstormen (weiblich), dann setze einen konkreten Punkt um (männlich).

Reflexionsfragen – Spüre deine innere Balance:
- Wo in meinem Leben bin ich zu sehr im Tun und verliere mich darin?
- Wo warte ich passiv und könnte aktiver werden?
- Wie fühlt es sich an, Hilfe anzunehmen? Fällt mir das leicht?
- Was passiert, wenn ich meiner Intuition vertraue?
- Wie kann ich heute männliche und weibliche Energie ausbalancieren?

Fazit: Werde zur Schöpferkraft deines Lebens

Das Prinzip des Geschlechts ist nicht nur ein Gesetz – es ist der Schlüssel zu deinem inneren Gleichgewicht. Du trägst beide Energien in dir. Die sanfte Kraft der Empfänglichkeit. Die kraftvolle Energie des Handelns. Zusammen sind sie unschlagbar.

Wenn du lernst, diesen Tanz zu meistern, geschieht Magie:

Du wirst produktiver und entspannter.

Du fühlst dich kraftvoll und verbunden.

Du schaffst Großes ohne dich zu verlieren.

Stell dir vor: Du hast eine Vision (weiblich), setzt sie um (männlich) und empfängst die Früchte deines Tuns (weiblich). Das ist Schöpfungskraft. Das bist du.

Herzlichen Glückwunsch!

Du hast die sieben hermetischen Gesetze kennengelernt –
nicht nur in der Theorie, sondern in einer Form, die dich
bewegt, inspiriert und in die Umsetzung bringt. Jetzt liegt es an
dir: Lebst du weiter im Autopilot? Oder nimmst du das Steuer
in die Hand?
Das Universum arbeitet nicht gegen dich. Es arbeitet mit dir –
wenn du bereit bist. Du hast jetzt die Werkzeuge. Du weißt,
wie du denken, handeln, fühlen kannst, um hermetisch
glücklich durchs Leben zu gehen.

Mach kleine Schritte. Vertraue dem Prozess. Erinnere dich:
🌱 Alles beginnt in deinem Geist.
🔗 Alles ist verbunden.
🎵 Alles schwingt.
⚖️ Alles hat zwei Pole.
 Alles fließt.
◎ Alles folgt Ursache und Wirkung.
✴ Alles balanciert sich zwischen Empfangen und Handeln.

Das ist kein Zauber. Das bist du. In deiner vollen
Schöpferkraft.

Dieses Buch ist kein Ende. Es ist ein Anfang. Dein Anfang.
Lebe, liebe, erschaffe. Denn das Universum ist in dir.
Und nun lies weiter.

Kapitel 9: Häufige Fehler bei der Anwendung der 7 hermetischen Gesetze – und wie du sie vermeidest

„Wissen ist nur der erste Schritt. Tun ist der Zweite. Verstehen kommt durch Erleben."

Viele Menschen lesen über die hermetischen Gesetze, nicken zustimmend – und wundern sich später, warum sich nichts verändert. Warum? Weil es nicht nur ums Wissen geht, sondern ums richtige Anwenden. Hier sind die häufigsten Stolpersteine – und vor allem: wie du sie clever umgehst.

1 Fehler: „Ich denke positiv, also muss alles sofort gut werden."

Warum das nicht funktioniert:

Das Gesetz der Mentalität besagt, dass Gedanken Realität erschaffen. Aber: Es geht nicht nur um schöne Gedanken. Wenn du versuchst, negative Gefühle zu unterdrücken und dir zwanghaft einredest: „Alles ist super!", während dein Inneres schreit: „Nein, ist es nicht!", entsteht ein Widerspruch. Dein Unterbewusstsein spürt die Unehrlichkeit – und blockiert, weil es keine Herz-Hirn-Kohärenz gibt.

Wie du es besser machst:

- Erkenne negative Gefühle an: „Ich bin gerade wütend – und das ist okay."
- Dann frage dich: „Welcher nächste Gedanke fühlt sich ein kleines bisschen besser an?"
- Kleine Schritte schlagen Zwangs-Positivität um Längen.

2 Fehler: „Ich manifestiere… aber warte ewig auf Ergebnisse."

Warum das nicht funktioniert:

Das Prinzip von Ursache und Wirkung lehrt: Tun gehört dazu. Nur auf dem Sofa zu sitzen und „Reichtum, Reichtum, Reichtum" zu denken, bringt selten Geld aufs Konto. Gedanken sind Samen – aber ohne Aktion keine Ernte.

Wie du es besser machst:

- Visualisiere dein Ziel – und frage dich direkt danach: „Was ist mein nächster kleiner Schritt?"
- Sei bereit, Chancen zu erkennen und ins Handeln zu kommen.
- Das Universum liebt Geschwindigkeit – wenn eine Gelegenheit auftaucht: Geh los!

3 Fehler: „Ich ziehe ständig Negatives an – ich bin wohl zu schwach."

Warum das nicht funktioniert:

Selbstvorwürfe senken deine Schwingung noch mehr. Niemand ist perfekt. Jeder hat mal schlechte Tage oder negative Gedanken. Wichtig ist nicht das Vermeiden, sondern der Umgang damit.

Wie du es besser machst:

- Wenn du merkst, dass du in Negativität festhängst, sage dir: „Interessant, was ich da gerade denke. Ich darf das ändern."
- Fokus weg von Schuld - hin zu Verantwortung.
- Du bist nicht schwach. Du bist menschlich. Mach es einfach beim nächsten Mal bewusster.
- Oder gehe in die "dritte Person" - dissoziiere dich von deinen Emotionen/ Gefühlen und sage dir... es ärgert sich gerade, denn Emotionen überlagern die Intelligenz. So bist du freier und kannst schneller erkennen und handeln.

4 Fehler: „Ich verstehe das Gesetz, aber bei mir klappt es nicht.“

Warum das nicht funktioniert:

Verstehen im Kopf reicht nicht. Transformation geschieht durch Erleben. Theorie ist wie ein Kochbuch: Du kannst hundert Rezepte lesen – satt wirst du erst, wenn du kochst.

Wie du es besser machst:

- Probier es aus. Scheitere. Lerne. Probier wieder.
- Erwarte nicht sofortige Wunder – Veränderungen brauchen Zeit.
- Mach kleine Experimente: „Was passiert, wenn ich heute mit einer anderen Haltung in den Tag starte?“

5 Fehler: „Ich bin zu sehr im Tun – ich muss härter arbeiten.“

Warum das nicht funktioniert:

Übertriebene männliche Energie (nur Aktion, kein Empfangen) führt zu Erschöpfung.

Die Gesetze wollen Balance: Tun + Vertrauen. Nicht alles lässt sich erzwingen.

Wie du es besser machst:

- Setze eine klare Handlung - dann lehne dich zurück.
- Vertraue, dass das Leben mitwirkt.
- Nicht jeder Erfolg kommt durch Krampf. Manchmal ist Empfangen die stärkere Tat.

6 Fehler: „Ich vergleiche mich mit anderen, die es besser machen.“

Warum das nicht funktioniert:

Vergleich raubt Energie. Du siehst oft nur das Ergebnis anderer – nicht den Weg dorthin. Jeder hat seinen eigenen Rhythmus (und genau das lehrt eines der Gesetze!).

Wie du es besser machst:

- Richte den Blick zurück: „Wie weit bin ich schon gekommen?“
- Feiere kleine Erfolge – sie motivieren mehr als ständiges „Ich muss besser sein“.
- Dein Weg ist deiner. Punkt.

7 Fehler: „Ich will es kontrollieren – es muss so passieren, wie ich will!“

Warum das nicht funktioniert:

Manchmal hat das Leben bessere Pläne. Zu sehr an einer einzigen Vorstellung zu hängen, blockiert neue Möglichkeiten.

Wie du es besser machst:

- Formuliere Wünsche mit Offenheit: „Dies oder etwas Besseres.“
- Sei klar in deinem Wunsch – und flexibel im „Wie“.
- Überraschungen sind oft Geschenke. Lass sie zu.

8 **Fehler: „Ich setze Ursachen – aber ungeduldig!"**

Warum das nicht funktioniert:

Stell dir vor, du pflanzt einen Samen und gräbst ihn täglich aus, um zu sehen, ob er wächst. Ungeduld bremst. Vertrauen nährt.

Wie du es besser machst:

- Setz die Ursache - richte den Fokus dann auf andere schöne Dinge.
- Energie folgt Aufmerksamkeit: Schau auf das, was klappt.
- Geduld ist kein Warten. Geduld ist Vertrauen in den Prozess.

9 **Fehler: „Ich denke, ein schlechtes Gefühl ruiniert alles."**

Warum das nicht funktioniert:

Gefühle sind wie Wetter: Kommen und gehen. Ein Regenschauer macht keinen Sturm zur Katastrophe. Kurzzeitige Negativität ist okay – solange du nicht darin wohnst.

Wie du es besser machst:

- Erlaub dir, dich mal mies zu fühlen.
- Wichtig: Bleib nicht stecken. Mach bewusst etwas, das dich hebt.
- Perfektion ist Illusion oder Perfektion macht Aggression. Echtheit heilt.

1⓪ Fehler: „Ich lese, verstehe – aber handle nicht."
Warum das nicht funktioniert:
Wissen ohne Umsetzung ist wie ein Auto ohne Benzin:
hübsch, aber nutzlos.
Wie du es besser machst:
Lies nicht nur. Mach eine Sache sofort: Eine Übung, einen
Gedanken, ein Gespräch.
Umsetzung schlägt Theorie. Immer.
Trau dich, Fehler zu machen. Das ist gelebtes Lernen.

Fazit: Mach es nicht perfekt. Mach es echt.
Die hermetischen Gesetze sind keine Zauberformel. Sie sind
ein Werkzeug. Ein Kompass. Und wie jeder Kompass helfen
sie dir nur, wenn du losgehst. Scheitere. Probier neu. Habe
Spaß. Das Leben belohnt Mut – nicht Zögern.
Und vergiss nicht: Du musst nicht sofort alles können.
Aber du kannst heute einen Schritt machen.

Wie geht es jetzt weiter?

**Kapitel 10: Wie du die 7 hermetischen Gesetze in deinen
Alltag integrierst – Einfach. Kraftvoll. Verwandelt.**

Wissen ist der erste Schritt. Umsetzen ist die Magie.
Viele Leser fragen sich nach dem Verstehen der Gesetze:
„Und jetzt? Wie mache ich das im Alltag?" Genau hier setzt
dieses Kapitel an. Denn was bringt das beste Wissen, wenn
es in deinem Kopf bleibt? Transformation geschieht erst, wenn
du handelst. Aber keine Sorge – du musst nicht dein ganzes
Leben umkrempeln. Es sind die kleinen Dinge, die die größte
Wirkung haben. Der kurze Moment, in dem du bewusst
atmest. Der eine Gedanke, den du umformulierst. Die winzige
Entscheidung, die einen Dominoeffekt auslöst.

Bereit? Hier kommen praktische, kraftvolle und alltagstaugliche Wege, wie du die 7 Gesetze sofort anwenden kannst. Nicht irgendwann. Jetzt.

1. Das Gesetz der Geistigkeit – Deine Gedanken sind der Anfang von allem

Alltagstipp:

- Starte deinen Tag mit einer bewussten Frage: „Welche Gedanken stärken mich heute?" Schon 30 Sekunden am Morgen verändern deine Tagesenergie.
- Wenn ein negativer Gedanke auftaucht, pausiere. Frage dich: „Gibt es eine hilfreichere Sichtweise?" Nicht perfekt, nur besser.

Mini-Übung unterwegs:

Wartest du in einer Schlange? Denk: „Ich nutze diese Zeit, um mich an drei schöne Dinge zu erinnern." So programmierst du dein Denken um – im Alltag, ohne Extraaufwand.

2. Das Gesetz der Entsprechung – Wie innen, so außen

Alltagstipp:

- Dein Zuhause spiegelt dein Inneres: Räume eine kleine Ecke auf, während du denkst: „Ich schaffe hier Ordnung – und in mir auch."
- Wenn dich jemand nervt, halte inne: „Was spiegelt mir diese Situation?" Nicht zur Selbstkritik, sondern zur Selbsterkenntnis.

Schnell-Reflexion:

Bevor du reagierst: „Was würde ich jemandem raten, der mir genau diese Geschichte erzählt?" Meist kommt die Weisheit von allein.

3. Das Gesetz der Schwingung – Alles ist Energie

Alltagstipp:

- Erstelle eine „Feel Good"-Playlist. Höre sie morgens oder wenn du merkst, dass deine Energie absackt. Musik ist Schwingung pur.
- Gehe in die Natur. Ein paar Minuten unter freiem Himmel und deine Schwingung hebt sich automatisch.

2-Minuten-Boost:

Setze dich hin, schließe die Augen, atme tief ein. Denk an etwas, das dich glücklich macht. Spüre es. Deine Frequenz ändert sich sofort.

4. Das Gesetz der Polarität – Nutze Gegensätze für dich

Alltagstipp:

- Erlebst du einen schlechten Tag? Frag dich: „Was ist das Geschenk daran?" Es muss nichts Großes sein. Vielleicht ein Lächeln von jemandem, das dir sonst entgangen wäre.
- Fühlst du Wut? Nutze sie als Energiequelle: Mache Sport, schreibe sie raus, tanze sie weg.

Sofort-Anwendung:

Wenn etwas Negatives passiert, sage innerlich: „Auch das gehört dazu. Wie kann ich es drehen?" Schon der Gedanke öffnet neue Perspektiven.

5. Das Gesetz des Rhythmus – Fließe mit den Wellen

Alltagstipp:

- Bist du müde? Statt dich zu zwingen, gönn dir fünf Minuten Pause. Das ist oft produktiver als stundenlanges Kämpfen.
- Fühlst du dich energiegeladen? Nutze den Schwung – erledige die Sache, die du sonst aufschiebst.

Visuelle Hilfe:

Stell dir das Leben wie einen Tanz vor. Mal schnell, mal langsam. Du musst nicht immer Gas geben. Manchmal ist Zurücklehnen der wahre Fortschritt.

6. Das Gesetz von Ursache und Wirkung – Sei die Ursache deines Glücks

Alltagstipp:

- Willst du mehr Freundlichkeit erleben? Schenke sie zuerst. Halte Türen auf, lächle, sage „Danke".
- Wünschst du dir mehr Wertschätzung? Fang bei dir an: „Was schätze ich an mir?"

Heute sofort umsetzbar:

Tue eine kleine Sache, die du sonst aufschieben würdest. Ruf jemanden an, erledige eine Kleinigkeit. Ursache - Wirkung. Spüre die Veränderung.

7. Das Gesetz des Geschlechts – Balance ist der Schlüssel

Alltagstipp:

- Hast du viel getan? Jetzt empfangen: Atme, leg dich hin, schau in den Himmel.
- Warst du zu lange passiv? Mach den ersten Schritt – ein Anruf, eine Entscheidung, eine Bewegung.

Schnell-Check:

Frag dich abends: „War ich heute mehr im Tun oder im Sein?" Justiere morgen nach.

Deine Alltag-Formel: Weniger Denken. Mehr Anwenden.

Mach es einfach.

Du musst nicht alle Gesetze auf einmal leben. Ein kleines bewusstes Handeln pro Tag reicht.

Ein Satz, der alles verändert:

„Was ist heute ein kleiner Schritt in Richtung des Lebens, das ich will?"

Das ist keine Magie. Das bist du in deiner vollen Kraft.

Und jetzt? Probier's direkt aus:
Denk an eine Sache, die dich beschäftigt.
Stell dir vor: „Wie würde ich handeln, wenn ich die Gesetze
wirklich anwende?"
Mach genau das. Jetzt. Nicht später.
Erlebe die Veränderung.
Das Universum wartet auf DICH.

Bereit für den nächsten Schritt?
Im nächsten Kapitel erwartet dich der 30-Tage-Reflexionsplan
– dein ganz persönlicher Kompass für mehr Klarheit, Freude
und Veränderung. Jeden Tag ein kleiner Impuls. Große
Wirkung. Bist du dabei?

**Kapitel 11: 30-Tage-Reflexionsplan – Dein persönlicher
Kompass zur Veränderung**

Veränderung beginnt nicht mit großen Schritten. Sie beginnt
mit einem Gedanken. Einem Moment der Ehrlichkeit. Einer
kleinen Entscheidung.
Dieser 30-Tage-Plan ist für dich. Nicht, um perfekt zu sein.
Nicht, um alles auf einmal zu ändern. Sondern um täglich kurz
innezuhalten und die sieben hermetischen Gesetze praktisch
zu erleben.
Was brauchst du?
- 5–10 Minuten Zeit pro Tag
- Ein Notizbuch (oder nutze die Journaling-Seiten weiter
  hinten)
- Offenheit. Ehrlichkeit. Und ein bisschen Neugier.

Wie funktioniert der Plan?

Jeden Tag bekommst du:
- Eine kurze Reflexionsfrage oder Übung
- Einen Gedanken-Impuls
- Einen Mini-Aktionsschritt

Du kannst:
- Morgens starten, um den Tag bewusst zu gestalten.
- Oder abends reflektieren, was der Tag gezeigt hat.

Wichtig:
- Du musst nicht perfekt antworten. Schreib, was kommt.
- Hast du an einem Tag keine Zeit? Kein Problem. Mach einfach weiter.
- Du machst das für dich – nur für Dich und für niemanden sonst. Es ist deine Transformation.

Tag 1 – Wo stehe ich gerade?

Wie fühlt sich mein Leben gerade an? Was läuft gut? Wo wünsche ich mir Veränderung?

Impuls: Du kannst nicht verändern, was du nicht ehrlich anschaust.

Aktion: Schreibe 3 Dinge auf, die du heute wertschätzt – auch wenn sie klein sind.

Tag 2 – Meine Gedanken, meine Realität (Gesetz der Geistigkeit)

Welcher Gedanke hat mich heute begleitet? Wie hat er meinen Tag beeinflusst?

Impuls: Deine Gedanken sind wie Samenkörner. Wähle weise.

Aktion: Denke bewusst: „Heute passiert etwas Schönes." Beobachte, was sich zeigt.

Tag 3 – Spiegel, Spiegel (Gesetz der Entsprechung)

Gab es heute eine Situation, die mich getriggert hat? Was könnte sie mir spiegeln?

Impuls: Die Welt ist ein Spiegel. Manchmal unbequem, immer ehrlich.

Aktion: Mache heute jemandem ein aufrichtiges Kompliment. Schaue, was passiert.

Tag 4 – Meine Frequenz bestimmt meine Realität (Gesetz der Schwingung)

Wie war meine Stimmung heute? Was hat sie gehoben oder gesenkt?

Impuls: Hohe Schwingung ist wie ein Magnet für Freude.

Aktion: Höre heute dein Lieblingslied – laut. Tanze. Lächle.

Tag 5 – Alles hat zwei Seiten (Gesetz der Polarität)

Gab es heute etwas Negatives? Was wäre das Gegenteil davon?

Impuls: Dunkelheit zeigt dir, wo du Licht setzen kannst.

Aktion: Schreib 3 Dinge auf, die heute schief liefen – und daneben: „Was könnte das Gute daran sein?"

Tag 6 – Mit dem Fluss, nicht dagegen (Gesetz des Rhythmus)

Wo habe ich heute Widerstand gespürt? Was wäre passiert, wenn ich mit geflossen wäre?

Impuls: Manchmal ist Loslassen die stärkste Bewegung.

Aktion: Gönn dir 10 Minuten Ruhe – einfach sitzen, atmen, sein.

Tag 7 – Was säe ich? Was ernte ich? (Gesetz von Ursache und Wirkung)

Welche kleinen Entscheidungen haben meinen Tag heute geprägt?

Impuls: Du setzt Ursachen – jeden Tag. Wähle bewusst.

Aktion: Tue heute etwas Gutes für jemand anderen. Spür, wie es zurückkommt.

Tag 8 – Geben & Empfangen (Gesetz des Geschlechts)

Fällt es mir leichter zu geben oder zu empfangen? Warum?

Impuls: Balance ist der Schlüssel.

Aktion: Nimm heute ein Lob an, ohne es abzuwinken. Spür die Freude dabei.

Von Tag 9 bis Tag 30 vertiefen wir jedes Gesetz weiter – mit abwechslungsreichen Fragen, kleinen Challenges und ermutigenden Impulsen.

Warum 30 Tage?

Weil Veränderung Zeit braucht.

Weil du nach einem Monat Muster erkennst.

Weil kleine tägliche Schritte mehr bewirken als seltene Große.

Tag 9 – Gedankendetektiv (Gesetz der Geistigkeit)

Welche Gedanken heute waren hilfreich? Welche haben mich geschwächt?

Impuls: Bewusstsein ist der erste Schritt zur Veränderung.

Aktion: Schreibe einen negativen Gedanken auf – und formuliere ihn um.

Tag 10 – Spiegel deiner Umgebung (Gesetz der Entsprechung)

Was in meiner Umgebung spiegelt meinen inneren Zustand wider?

Impuls: Dein Außen erzählt von deinem Innen.

Aktion: Räume heute einen Bereich auf, der dich stört. Spüre, wie sich dein Inneres verändert.

Tag 11 – Schwingung spüren (Gesetz der Schwingung)

Welche Menschen oder Orte heben meine Energie? Welche ziehen sie runter?

Impuls: Du hast die Wahl, wo du dich aufhältst.

Aktion: Verbringe bewusst Zeit an einem Ort, der dich stärkt.

Tag 12 – Gegensätze erkennen (Gesetz der Polarität)

Wann habe ich zuletzt gedacht: „Das ist schlecht" – und war es wirklich so?

Impuls: Jedes Ende birgt einen Anfang.

Aktion: Nimm heute eine herausfordernde Situation und frage dich: „Was könnte das Positive daran sein?"

Tag 13 – Im Rhythmus leben (Gesetz des Rhythmus)

Wann habe ich zuletzt gegen den Fluss des Lebens gekämpft?

Impuls: Widerstand erzeugt Stress. Hingabe bringt Leichtigkeit.

Aktion: Gönne dir heute einen Moment völliger Ruhe – ohne Handy, ohne To-Do-Liste.

Tag 14 – Ursache setzen (Gesetz von Ursache und Wirkung)

Welche kleinen Entscheidungen von gestern haben meinen heutigen Tag beeinflusst?

Impuls: Jeder Samen bringt eine Ernte.

Aktion: Setze heute eine positive Ursache: Helfe, lobe, unterstütze jemanden.

Tag 15 – Balance finden (Gesetz des Geschlechts)

Bin ich heute mehr im Tun oder im Empfangen?

Impuls: Beide Energien wollen gelebt werden.

Aktion: Wenn du heute viel getan hast, gönn dir eine Pause. Warst du passiv? Mach eine kleine Aktion.

Tag 16 – Meine kraftvollsten Gedanken (Gesetz der Geistigkeit)

Welcher Gedanke gibt mir Kraft? Wie kann ich ihn heute nutzen?

Impuls: Gedanken sind Werkzeuge. Wähle bewusst.

Aktion: Schreibe deinen stärksten Gedanken auf – und lies ihn laut vor.

Tag 17 – Was spiegelt mein Leben? (Gesetz der Entsprechung)

Welche wiederkehrenden Muster erkenne ich in meinem Leben?

Impuls: Muster zeigen Wege zur Veränderung.

Aktion: Notiere ein Muster – und schreibe, wie du es durchbrechen kannst.

Tag 18 – Hoch schwingen leicht gemacht (Gesetz der Schwingung)

Was hebt meine Stimmung sofort? Warum mache ich das nicht öfter?

Impuls: Freude ist eine Entscheidung.

Aktion: Tue heute etwas, das dir ein Lächeln schenkt – ohne Grund.

Tag 19 – Vom Problem zur Lösung (Gesetz der Polarität)

Was beschäftigt mich gerade – und was wäre die entgegengesetzte Sichtweise?

Impuls: Jeder Schatten zeigt das Licht.

Aktion: Schreibe drei Möglichkeiten auf, wie sich das Problem ins Positive wenden könnte.

Tag 20 – Mit dem Leben tanzen (Gesetz des Rhythmus)

Wo kann ich heute lockerer sein? Wo halte ich zu sehr fest?

Impuls: Wer loslässt, hat die Hände frei für Neues.

Aktion: Atme tief durch, lächle – und geh einen Schritt langsamer.

Tag 21 – Kleine Ursache, große Wirkung (Gesetz von Ursache und Wirkung)

Welche Mini-Entscheidung kann heute einen positiven Dominoeffekt auslösen?

Impuls: Veränderungen beginnen klein.

Aktion: Mach heute etwas, das dein zukünftiges Ich dir danken wird.

Tag 22 – Geben und Empfangen in Harmonie (Gesetz des Geschlechts)

Wo fällt es mir schwer, Hilfe anzunehmen? Warum?

Impuls: Empfangen ist ein Akt der Stärke.

Aktion: Sag heute zu einer angebotenen Hilfe bewusst „Ja".

Tag 23 – Wie denke ich über mich? (Gesetz der Geistigkeit)

Welche Sätze sage ich oft über mich selbst? Stärken sie mich?

Impuls: Du hörst dich mehr als jeder andere.

Aktion: Schreibe drei neue Sätze, die dich aufbauen. Lies sie vor dem Spiegel.

Tag 24 – Spiegel der Beziehungen (Gesetz der Entsprechung)

Was zeigen mir meine engsten Beziehungen über mich?

Impuls: Andere sind oft Lehrer in Verkleidung.

Aktion: Schreib einer Person heute eine wertschätzende Nachricht.

Tag 25 – Energie-Check (Gesetz der Schwingung)

Welche Gewohnheit senkt meine Energie? Welche könnte sie heben?

Impuls: Du hast die Wahl – jeden Moment.

Aktion: Ersetze heute eine energieraubende Gewohnheit durch eine Stärkende.

Tag 26 – Licht im Schatten (Gesetz der Polarität)

Welche schwierige Situation in meinem Leben hat mich im Nachhinein gestärkt?

Impuls: Herausforderungen formen Charakter.

Aktion: Schreib auf, wofür du dieser Erfahrung dankbar bist.

Tag 27 – Leben im Fluss (Gesetz des Rhythmus)

Wo kann ich heute aufhören zu kämpfen?

Impuls: Manchmal führt der einfachste Weg zum besten Ziel.

Aktion: Sag heute bewusst: „Ich vertraue dem Prozess." Spür, was passiert.

Tag 28 – Ursache setzen, bewusst leben (Gesetz von Ursache und Wirkung)
Welche kleinen Handlungen haben heute mein Lächeln verursacht?
Impuls: Freude zieht Freude an.
Aktion: Gebe heute drei Menschen ein ehrliches Kompliment.

Tag 29 – Aktive Schöpferkraft (Gesetz des Geschlechts)
Was will ich erschaffen? Was hält mich noch zurück?
Impuls: Mut bedeutet, trotz Zweifel zu handeln.
Aktion: Setze einen ersten Schritt in Richtung eines Traums – egal wie klein.

Tag 30 – Rückblick & Neubeginn
Was habe ich in den letzten 30 Tagen über mich gelernt? Was hat sich verändert?
Impuls: Du hast mehr bewirkt, als du denkst.
Aktion: Schreibe dir einen Brief aus der Perspektive deines zukünftigen Ichs: „Ich bin stolz auf dich, weil…"

Rückblick & Ausblick
Wie hat sich mein Denken, Fühlen und Handeln verändert?
Was habe ich über mich gelernt?
Impuls: Du bist weiter gekommen, als du denkst.
Aktion: Schreib dir einen Brief: „In den nächsten 30 Tagen
werde ich…" (und öffne ihn in einem Monat wieder).

Abschlussgedanke:
Du hast nicht nur gelesen. Du hast gelebt, gespürt, verändert.
Mach weiter. Nicht für die Seiten in diesem Buch.
Für dich. Für das Leben, das du erschaffst.

Gratulation!
30 Tage. 30 kleine Schritte. Eine große Veränderung.
Das Wichtigste:
Mach weiter. Du hast erfahren, wie wenig es braucht, um mehr
Bewusstsein, Freude und Klarheit ins Leben zu bringen.
Dein Leben wartet nicht. Aber es tanzt mit dir, wenn du es
einlädst.

Bereit, noch tiefer zu gehen?
Im nächsten Kapitel findest du Journaling-Seiten, um deine
Reise weiterzuführen, deine Erkenntnisse festzuhalten und
das Universum in dir noch stärker zu entdecken.
Schreibe. Fühle. Erschaffe. Es ist dein Leben.

Kapitel 12: Journaling-Bereich – Dein Raum für Erkenntnisse, Träume und Transformation

Manchmal offenbart sich die Wahrheit nicht in Gedanken – sondern im Schreiben.
Worte auf Papier haben Magie. Was du hier festhältst, gehört dir. Keine Regeln. Kein Richtig oder Falsch. Nur du, dein Stift und der Raum, tiefer in dich einzutauchen.
Dieses Journaling-Kapitel ist für:
Deine Aha-Momente aus den letzten 30 Tagen
Deine Gefühle, die Worte brauchen.
Deine Träume, Pläne und Erkenntnisse.
Tipp: Schreib einfach drauflos. Lass dich überraschen, was auftaucht.

Doch vorher vervollständige einfach spontan zwei Sätze...
Schreibe ganz spontan auf...

1... Wenn ich könnte, wie ich wollte, würde ich....
2... Die Welt ist voller.....

Und nun geht es weiter...

1. Erkenntnisse & Aha-Momente
Was hat mich in diesem Buch am meisten berührt?
Welche Erkenntnis war mein größter „Wow"-Moment?
Wie hat sich mein Denken oder Handeln verändert?
Schreibe hier deine Gedanken:

2. Meine neuen Gewohnheiten

Welche kleinen Veränderungen will ich beibehalten?

Welche neuen Rituale tun mir gut?

Beispiel:

- Jeden Morgen 2 Minuten Dankbarkeit spüren
- Bewusst atmen, wenn Stress aufkommt
- Einmal täglich ein Lächeln verschenken

Welche willst du umsetzen? Notiere sie hier:

3. Brief an dich selbst

Schreibe deinem zukünftigen Ich einen Brief:
- „Ich bin stolz auf dich, weil…"
- „Vergiss nicht, dass…"
- „Erinnere dich daran, wie stark du bist."

4. Loslassen & Neuausrichten

Was darf ich gehen lassen?
Was möchte ich stattdessen einladen?
Schreibe alles auf, was du nicht mehr brauchst. Dann
formuliere, was du stattdessen willst!

5. Wünsche & Visionen

Wenn alles möglich wäre – wie würde mein Leben aussehen?
Welche Ziele flüstert mein Herz?
Trau dich groß zu träumen:
- Wo will ich in einem Jahr stehen?
- Wie möchte ich mich fühlen?
- Was darf in mein Leben kommen?

Lass deine Fantasie fliegen:

6. Spontanes Gedankenchaos (Erlaubt & Willkommen)

Einfach drauflos schreiben. Keine Pausen. Keine Zensur.
Manchmal versteckt sich die Klarheit hinter dem Chaos.

-67-

7. Dankbarkeitsseite

Wofür bin ich heute dankbar? Wofür kann ich immer dankbar
sein?

Schreib mindestens 10 Dinge auf – groß oder klein:

   1.

   2.

   3.

...

8. Affirmationen für mich selbst

Welche Sätze stärken mich?

- „Ich bin genug."
- „Ich vertraue dem Prozess."
- „Das Universum unterstützt mich."

Schreibe deine eigenen kraftvollen Sätze und beginne immer mit "ICH BIN"....

9. Mein Leben in einem Satz

Wenn ich mein jetziges Lebensgefühl in einem Satz beschreiben müsste, wäre es…

Schreib ihn hier auf:

10. Platz für alles, was noch raus will

Diese Seite gehört dir. Schreib, kritzel, plane, träume. Lass es fließen.

10. Platz für alles, was noch raus will

Diese Seite gehört dir. Schreib, kritzel, plane, träume. Lass es fließen.

Du hast Gelesen. Geschrieben. Gelebt. Gefühlt.

Das ist keine Kleinigkeit.

Das ist Selbstliebe in Aktion.

Mache weiter, denn das Universum in dir ist unendlich.

Und jetzt?

Im nächsten Kapitel erwarten dich kraftvolle Affirmationen zu jedem Gesetz – perfekt, um deine Transformation täglich zu stärken.

Kapitel 13: Kraftvolle Affirmationen für jedes hermetische Gesetz – Dein täglicher Energieschub

Worte sind Magie. Gedanken sind Energie.

Worte + Gedanken? Pure Schöpferkraft.

Wenn du „Ich bin..." aussprichst, folgt dein Unterbewusstsein dieser Einladung. Du programmierst dich selbst – bewusst oder unbewusst. Mit diesen kraftvollen Affirmationen, die alle mit „Ich bin" beginnen, richtest du dich neu aus.

So nutzt du die Affirmationen:

Sprich sie morgens laut vor dem Spiegel.

Schreibe deine Lieblingssätze auf Notizzettel und verteile sie dort, wo du sie siehst.

Wiederhole sie im Alltag – beim Autofahren, Duschen oder Spazierengehen.

Sprich sie mit Gefühl. Spüre, was du sagst.

1. Das Gesetz der Geistigkeit – Alles ist Geist

- Meine Gedanken erschaffen meine Realität.
- Ich bin der Schöpfer meiner Gedanken.
- Ich bin bewusst in dem, was ich denke und glaube.
- Ich bin fähig, stärkende Gedanken zu wählen.
- Ich bin ein Magnet für positive Gedanken und Ideen.
- Ich bin offen für neue, hilfreiche Perspektiven.
- Ich bin ruhig, klar und fokussiert.
- Ich bin frei von begrenzenden Überzeugungen.

2. Das Gesetz der Entsprechung – Wie innen, so außen

- Meine äußere Welt spiegelt mein Inneres wider.
- Ich bin im Einklang mit mir und meiner Umgebung.
- Ich bin bereit, das Gute in mir und im Außen zu sehen.
- Ich bin ein Spiegel für Liebe, Frieden und Freude.
- Ich bin verantwortlich für meine innere Harmonie.
- Ich bin dankbar für die Lektionen, in meinem Leben.
- Ich bin achtsam mit meinen Worten und Taten.
- Ich bin der Frieden, den ich in der Welt sehen möchte.

3. Das Gesetz der Schwingung – Alles schwingt

- Meine Energie bestimmt, was ich anziehe.
- Ich bin eine hohe, liebevolle Schwingung.
- Ich bin pure Lebensfreude.
- Ich bin in Harmonie mit der Energie des Universums.
- Ich bin ein Magnet für Positivität und Fülle.
- Ich bin umgeben von unterstützender Energie.
- Ich bin in der Frequenz von Liebe und Dankbarkeit.
- Ich bin bewusst in meiner Ausstrahlung und Wirkung.

4. Das Gesetz der Polarität – Alles hat zwei Pole

In jedem Problem liegt eine Lösung. In jedem Schatten ein Licht.

Ich bin bereit, das Positive in jeder Situation zu erkennen.

Ich bin offen für neue Perspektiven.

Ich bin das Gleichgewicht zwischen Licht und Schatten.

Ich bin in der Lage, Gegensätze zu vereinen.

Ich bin mutig, auch das Gute im Schlechten zu sehen.

Ich bin dankbar für die Vielfalt des Lebens.

Ich bin bereit und sehe die helle Seite in meinem Leben.

5. Das Gesetz des Rhythmus – Alles fließt

Ich fließe mit dem Leben und vertraue dem Prozess.

Ich bin in meinem eigenen, natürlichen Rhythmus.

Ich bin offen für die Wellen des Lebens.

Ich bin bereit, loszulassen, wenn es Zeit ist.

Ich bin im Flow mit allem, was ist.

Ich bin voller Vertrauen in den Lauf der Dinge.

Ich bin flexibel und anpassungsfähig.

Ich bin ruhig in der Stille und stark in der Bewegung.

6. Das Gesetz von Ursache und Wirkung – Jede Handlung hat eine Konsequenz

Ich setze heute die Ursachen für meine gewünschte Zukunft.

Ich bin verantwortlich für meine Entscheidungen.

Ich bin die Ursache für Positivität in meinem Leben.

Ich bin bewusst in meinem Handeln und Denken.

Ich bin der Auslöser für meine Erfolge.

Ich bin der Erschaffer meines Lebenswegs.

Ich bin bereit, heute Gutes zu säen.

Ich bin mir bewusst, dass jede kleine Tat zählt.

7. Das Gesetz des Geschlechts – Balance zwischen Geben und Empfangen

- Ich vereine die aktive und empfangende Kraft in mir.
- Ich bin die Balance von Tun und Sein.
- Ich bin offen, sowohl zu geben als auch zu empfangen.
- Ich bin verbunden mit meiner inneren Stärke und Sanftheit.
- Ich bin bereit, Unterstützung anzunehmen.
- Ich bin kraftvoll in meiner Handlung.
- Ich bin liebevoll in meinem Empfang.
- Ich bin ein Ausdruck von Harmonie und Ausgeglichenheit.
- Ich bin das perfekte Gleichgewicht beider Energien in mir.

Wie du die Affirmationen am besten anwendest:

Sprich sie laut: Deine Stimme verstärkt die Wirkung.

Fühle, was du sagst: Worte sind mächtig, wenn Emotion dabei ist. Formuliere sie gegenbenenfalls so lange um, dass du sie richtig fühlst. Denke an die Herz-Hirn-Kohärenz.

Wähle 1–2 Favoriten pro Tag: So bleibst du dran, ohne dich zu überfordern.

Schreibe sie auf: Handgeschrieben wirken sie oft noch tiefer.

Kombiniere sie mit Atemzügen: Einatmen, „Ich bin stark" – ausatmen, „Ich bin im Vertrauen".

Tipp: Wenn du merkst, dass eine Affirmation Widerstand auslöst, bleib genau dort. Oft braucht dein Inneres gerade diese neue Wahrheit.

Abschlussgedanke:
Du bist nicht deine Vergangenheit. Du hast eine
Vergangenheit.
Du bist das, was du heute wählst zu sein.
Sprich es. Glaub es. Sei es.
Denn: Du bist mächtig. Du bist Schöpfer. Du bist das
Universum in Aktion.
Mache diese Affirmationen zu deinem täglichen Ritual – und
erlebe, wie sich dein Leben wandelt.

Kapitel 14: SOS-Guide – Was tun, wenn das Leben tobt?

Manchmal vergisst du alles, was du gelernt hast. Und das ist
okay.
Du hast die Gesetze verstanden, geübt und angewandt...
Doch dann kommt ein stressiger Tag, ein Konflikt, eine
unerwartete Herausforderung – und plötzlich fühlt es sich an,
als wäre alles vergessen. Das passiert. Es ist menschlich.

Dieser SOS-Guide ist für genau diese Momente:
Wenn du dich verloren fühlst.
Wenn Zweifel aufkommen.
Wenn du denkst: „Warum passiert das schon wieder?"
Atme. Lies. Und erinnere dich an deine Kraft.

1 STOPP – Pausiere für einen Moment

Nimm drei tiefe Atemzüge.

- Einatmen: „Ich bin hier."
- Ausatmen: „Ich bin sicher."
- Wiederhole langsam.

Warum?

Stress lässt dich in den Kopf schießen. Der Atem holt dich zurück. Manchmal reicht eine kurze Pause, um wieder klar zu sehen.

2 ERINNERE DICH – Nichts passiert grundlos

Frag dich:

- „Was spiegelt mir diese Situation gerade?" (Gesetz der Entsprechung)
- „Welcher Gedanke hat mich hierhergeführt?" (Gesetz der Geistigkeit)
- „Wie kann ich jetzt die Schwingung anheben?" (Gesetz der Schwingung)

Erinnerung: Auch das geht vorbei. Alles ist in Bewegung. (Gesetz des Rhythmus)

3 MINI-SOS-ÜBUNGEN (2 Minuten oder weniger):

Für sofortige Ruhe:

- Lege eine Hand auf dein Herz. Flüstere: „Ich bin sicher. Ich schaffe das."
- Schau in den Himmel oder ins Grüne – Natur erdet.

Für Energie und Klarheit:

- Schüttel deinen Körper aus. Ja, wirklich! Bewegung löst Blockaden.
- Trinke ein Glas Wasser – erfrischt und klärt.

Für Perspektivenwechsel:

- Frage: „Was würde mein zukünftiges Ich mir jetzt raten?"
- Oder „Wird das in einem Jahr noch wichtig sein?"

4 EIN SATZ, DER IMMER HILFT:

„Auch das ist Teil meines Weges."

Manchmal muss man nicht sofort verstehen. Vertraue.

5 DEIN SOS-„NOTFALLKIT" (Mache dir eine Liste):

- Lieblingslied - Sofort anmachen.
- Notiz mit stärkender Botschaft - Jetzt lesen.
- Affirmation - „Ich bin ruhig. Ich bin stark. Ich bin geführt."
- Vertrauensperson - Kurz anrufen oder eine Nachricht schreiben.
- Raus an die frische Luft - Bewegung + Atmen = Klarheit.

Wenn alles zu viel ist:

Schlag das Buch an einer beliebigen Seite auf. Lies, was dort steht. Manchmal findet dich die Botschaft genau zur richtigen Zeit.

SOS heißt nicht „Alles lösen müssen".

SOS heißt: „Stehe, atme, orientiere dich, sei sanft mit dir."

Kapitel 15: Nachwort – Deine Reise hat gerade erst begonnen

Du hast dieses Buch nicht nur gelesen. Du hast gefühlt. Gelebt. Erkannt.

Vielleicht hast du gelacht. Vielleicht geweint. Vielleicht beides.

Egal, wie du hierher gekommen bist – du hast dich dir selbst genähert. Und das ist mutig.

Die hermetischen Gesetze sind nicht nur Worte. Sie sind ein Wegweiser.

Ein Kompass. Eine Erinnerung daran:

- Du bist nicht das Blatt im Wind. Du bist der Wind.
- Du bist nicht Opfer. Du bist Schöpfer.
- Du bist nicht getrennt vom Universum. Du bist das Universum in Aktion.

Kapitel 16: Meine Botschaft an dich

Du hast nicht nur ein Buch gelesen. Du bist auf eine Reise gegangen – zu dir selbst.

Vielleicht hast du neue Erkenntnisse gewonnen. Vielleicht hast du das alte Muster erkannt. Vielleicht hast du gespürt, dass da mehr ist... mehr von dir, mehr vom Leben.

Egal, wo du gerade stehst:

Du musst nicht alles verstanden haben.

Du musst nicht perfekt sein.

Du musst nicht wissen, wie der ganze Weg aussieht.

Du hast schon das Wichtigste getan: Du hast begonnen.

Denke daran:

Du bist nicht hier, um dich klein zu machen.

Du bist nicht hier, um zu zweifeln.

Du bist hier, um zu leben. Voll. Echt. Frei.

Das Universum ist nicht da draußen, weit entfernt.

Es ist in dir. Es wartet darauf, dass du dich erinnerst.

Also...

Stehe auf, wenn du fällst.

Lache, wenn du kannst.

Weine, wenn du musst.

Aber gehe weiter. Schritt für Schritt.

Denn du bist viel stärker, als du glaubst.

Und dieses Leben? Es ist deins. Mach war großartiges draus.

Kapitel 17: Power-Fragen für schnelle Klarheit

Manchmal brauchst du keine Antworten. Du brauchst nur die richtigen Fragen.

Nimm dir diese Fragen mit in deinen Alltag.

Stelle sie dir, wenn du zweifelst.

Stelle sie dir, wenn du Mut brauchst.

Stell sie dir... einfach, weil du es kannst.

Wähle eine Frage pro Tag. Lass sie wirken. Beobachte, was sich zeigt.

🔑 Was, wenn heute alles für mich passiert – nicht gegen mich?

🔑 Was würde ich tun, wenn ich zu 100 % an mich glauben würde?

🔑 Wie würde ich handeln, wenn ich wüsste, dass ich nicht scheitern kann?

🔑 Was lässt mein Herz gerade höher schlagen?

🔑 Welche kleine Entscheidung heute bringt mir morgen Freude?

🔑 Was darf ich loslassen, um leichter zu leben?

🔑 Wofür bin ich gerade (trotz allem) dankbar?

🔑 Wie würde Liebe jetzt reagieren?

🔑 Wenn ich mein Leben wie ein Abenteuer sehe – was ist mein nächster mutiger Schritt?

🔑 Was ist das Beste, was heute passieren könnte?

🔑 Was brauche ich gerade wirklich – und wie kann ich mir das schenken?

🔑 Wo halte ich mich noch zurück? Warum? Was wäre, wenn ich es einfach tue?

🔑 Wie würde mein zukünftiges Ich mir in dieser Situation raten?

🔑 Woran werde ich mich heute Abend stolz erinnern?

🔑 Was passiert, wenn ich mir erlaube, glücklich zu sein?

Was jetzt?

Dieses Buch ist ein Anfang.
Der wahre Zauber liegt in deinem Alltag.
In den kleinen Momenten, in denen du dich entscheidest,
anders zu denken. Anders zu fühlen. Anders zu handeln.
Gehe weiter. Vertraue deinem Weg.
Manchmal wird er leicht sein. Manchmal holprig.
Aber er ist deiner – und niemand kann ihn so gehen wie du.

Danke, dass du dieses Buch gewählt hast.
Danke, dass du dich gewählt hast.
Danke, dass du bereit bist, dein Licht leuchten zu lassen.
Das Universum applaudiert dir.
Und ich auch.

Alles Liebe
Deine Sekundenmeisterin